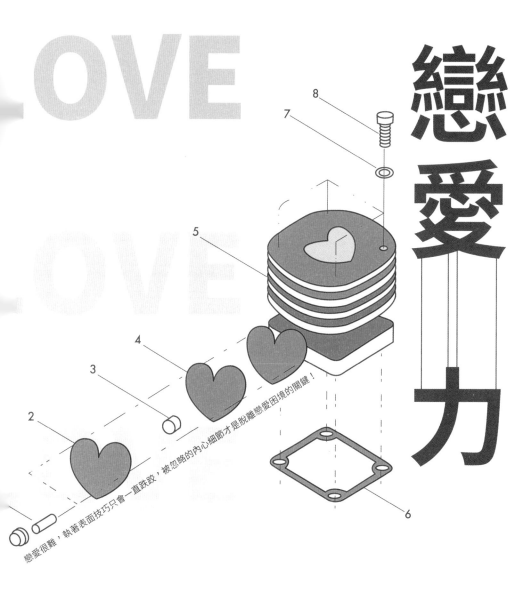

戀愛很難，執著表面技巧只會一直跌跤，被忽略的內心細節才是脫離戀愛困境的關鍵！

戀愛力

教你不要主動
你就不主動嗎？

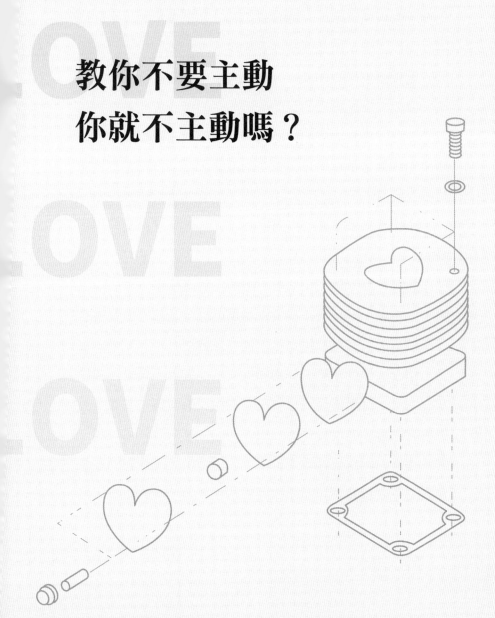

市面上流通的戀愛技巧書籍，就我本身看過的，基本上會分成兩種流派，一種是日系，一種是美系。日系的作者在內容上會比較偏向讓你去取悅男人，認為男人大多需要安全感跟被崇拜的感覺，作者會要你採取配合男人的手法，放軟、降低自己的姿態；而美系的作者會要你堅持自我，保持一定的高姿態，認為男人需要的是挑戰。作者會建議你採取看似比較「機車」的手法，提高自己在兩性關係中的地位。

　　這兩種流派所講的東西，表面上看起來好像是互相牴觸的。

　　舉例來說，關於女生是否能夠主動這件事，有些人主張不要主動，要懂得讓男人有表現的機會，他才會覺得自己像個男人；有些主張女生不能只是等待，一定要懂得主動出擊，不然就會錯失好姻緣！或是，在對男人是否要好這一點上，這兩個流派也會有看似相反的論調，到底是要對男人貼心，展現賢慧抓住對方的心？還是該對男人壞一點，這樣偶爾對他好他才會懂得珍惜？很多時候我們可能會因為吸收很多資訊而產生疑惑，被很多矛盾的訊息搞得

很混亂，到底哪一種說的才對呢？以前我也曾經有過同樣的混亂跟疑問。

有些人使用日系方式可以得到好的結果，也有人得到不好的結果；有些人使用美系的方式也可以同樣得到好的結果，當然也有人得到不好的結果。所以真相到底是什麼？這兩個流派，真的有互相牴觸嗎？還是我們只是看到了表面，而沒有看見這些表面技術、行為背後真正的核心是什麼呢？

讀者在閱讀這些戀愛技巧的書籍時，可能也會遇到另一個問題，就是當自己實際去試過那些技巧後，發現有些技巧是有用的，但有些卻沒有什麼效果。那造成有用跟沒有用這個差異的原因是什麼呢？

而我寫這本書的目的，就是希望能夠讓讀者全面性的去理解、系統性的吸收以前曾經學習到的兩性知識，並且可以的話，更懂得如何靈活的運用。市面上的書籍大多直接傳授你表面的技巧，鮮少有書籍會告訴你這些東西「為什麼有用」，或是支持這些技術可行性的背後邏輯是什麼。我自己在看書的時候也常常有這樣的疑惑。

最近我養了一隻狗，我從圖書館借了很多本關於如何訓練狗、養狗的書籍。大部分我借的書，都是「圖文並茂」的那種，這種書會直接告訴你如何對待狗狗，並描述狗狗行為的意思。每次看完這種書我都很不滿意，覺得沒什麼幫助。因為看完這種書，我就只能照本宣科，如果狗狗不像書上寫的那樣，我就束手無策。

養狗就跟面對人一樣，有太多變因，就算實際去實踐可能也不見得會像書上講的那樣發展。這種書會讓我很挫折，因為我根本不知道「為什麼」要那樣做，或是為什麼作者做有效，我做了卻沒效。就算有說明狗狗那樣做的原因，卻也很粗淺，無法知道真正的源頭是什麼。

我個人的學習方式是喜歡找到核心，所以如果就只是照表抄課卻不知道原理，我會覺得非常困擾，因為根本沒學會也沒學到什麼。如果知道核心，我會更容易了解要怎麼變化跟應用，甚至可以衍生出自己的花招跟屬於自己的方法。

在這個時代，感情幾乎已經是大多數人面臨的人生最大課題之一，除了感情（或是親友喪亡）之外，鮮少有什

麼其他東西會造成我們人生更大的苦痛，這個現象也造成現在面對自我關係、家庭關係的心靈書籍大為流行。而戀愛是自我關係、家庭關係的延伸，當然也就會是現代人會關注跟討論的議題了。

在這本書中，我會將戀愛能力分級成「戀愛初級班、戀愛中級班、戀愛高級班」這三種層次來讓讀者更能理解戀愛技巧在使用上的各處眉角。每一個不同層級的人，對於感情的理解、觀念都是差很多的，而這些觀念的差異，造成他們在很多相處的細節上會有許多不同，這些細微的差異累積起來，才是使結果不同的真正原因。

本書的核心將會擺在一些平時我們容易忽略掉的細微重點，但這些容易被忽視的細節，卻對戀愛結果極其重要。我會盡量把男女彼此的狀況都寫出來，但內容仍然會以女性讀者為目標族群來撰寫，因此所提出的具體方法大多還是以女性攻略男性的角度為主。

目錄

Chapter 3
使用技巧是為了「引發對方的感覺」

Chapter 4
背景發動：無意識的舉動
　　　　最影響對方的感覺

Chapter 5
被動發動：反應與回應決定你的樣子

Chapter 6
主動發動：讓對方更在意你

Chapter 7
戀愛的問題，和你的等級有關

Chapter I

為什麼技巧有時候
有用有時候沒有用？

為什麼書上寫的技巧，有些有用，有些沒有用呢？是什麼造成了結果上的差異？是我用錯了？還是作者寫錯了？還是有可能是因為我跟作者擁有的基本條件不同呢？

　　要了解這個問題，就要先拆解戀愛這件事情的最基本元素：**自己、對方跟關係**。

　　這三個元素看似簡單，乍看之下像廢話。但事實上越簡單的東西越複雜，這三個元素都非常龐大，是需要花很多時間瞭解的主題。也因此，戀愛這件事情其實並不簡單，每個人都有屬於自己的障礙、困難。再加上，求學時代並沒有人告訴我們應該怎麼戀愛，怎麼面對屬於內心的問題。戀愛的問題，是人際關係的問題也是親密關係問題的綜合體，大家都會去談論有關戀愛的事，但很少有人去解構戀愛問題背後對我們的人生有什麼樣的意義。人生的任何層面有了問題，那都是在告訴我們一些關於自己的事情，等著我們去面對跟解決。

從「自己」這個層面看技巧

第一個原因：每個人的類型、氣質不同，所以適用的招數類型效果當然也會不一樣。

玩過 RPG 遊戲的話，你會知道，如果把大刀丟給魔法師用，雖然揮一揮還是能造成一些傷害，但是比起力量類型的人，還是無法發揮它應有、最大的效果。看多了運動格鬥型的動畫或漫畫，也會知道每一個選手各有所長，適合的招式、適合的環境跟與其他人配合的方式也不同。即使有相似的機能，每個人不同的意志跟精神力，也會造成結果上很大的差別。

也就是說，要掌握戀愛這門藝術，要做到的第一個重點就是「**客觀了解自己在別人眼中的樣子**」。別人能做的事，不見得適合你做，你能做的事，別人不見得能做得來。

一個看起來很強勢的人做示弱的事情，跟一個看起來

本來就很柔弱的人做示弱的事情，效果是天差地遠的，前者會比後者要有效果得多。同樣的道理，一個不常笑、感覺高傲的女生，跟一個很親切又常笑的女生，雖然兩個人的笑容都有吸引力，但肯定是前者的殺傷力較強。因為看到前者笑容的人會覺得自己非常特別，可能會產生「她只對我笑，所以也許我很特別」的想法，但後者可能只會覺得自己被喜歡，產生「她應該只是人很好」的想法。

然而什麼是「客觀」呢？客觀就是「不是自己想的」，是「別人感覺到的」。

我們要怎麼知道自己客觀給別人什麼感覺？如果直接問身邊的人，他們也不見得會給我們最真實的答案，大部分的人都會傾向給予當事人好的回饋，避免可能會變成看似攻擊、批評的言論，因為沒人想當壞人嘛。但是這些負面的觀感也具備很重要的參考價值，如果想要改變在人際、戀愛關係上的不順利，當然就要連帶了解這些負面的觀感。

如果想要知道自己給人真正的感覺是怎麼樣，除了直接問身邊願意說實話的朋友，從自己的人際結果也可以大

概知道是怎麼回事（只要願意去面對的話）。

那我們如何從人際結果來判斷自己到底給別人什麼樣的感覺呢？我們可以從身邊的朋友來比較，例如你覺得 A 是一個很親和的人，那他得到的人際結果可能是很多人願意先主動接近他，那你是否有得到類似的人際結果？還是沒有像 A 一樣有那麼多人願意主動接近他？那麼比起 A，你的親和成分可能就少了一點。

我們的目的畢竟是想要談戀愛，那就等於必須跟自己以外的人建立關係，因此別人的想法就會是重要的，但這意思並不是說該讓別人的評價左右你的人生，而是從別人的眼中，你可以看見自己沒發現、或不想要面對的部分。

我覺得現在很多人對於「自信」的理解很奇怪，他們誤以為自信就是完全不去理會批評；或是不去管所有自己不喜歡的人的意見跟想法，覺得這樣就是「做自己」；覺得沒禮貌、講話傷人等於「直接率真」；或是將自信的定義變成只要自己相信就好，實際別人怎麼想不重要……這種阿 Q 式的自我安慰。

別人的想法仍然重要，但這不代表他們能夠定義你是

誰，或是該是什麼樣子，而是我們該知道別人怎麼看待我們，看看這些想法怎麼影響到自己的人際結果，自己該怎麼去調整。

我曾經看過一部電影，叫做「姐就是美（I Feel Pretty）」*。裡面描述一個本來對自己的外貌很自卑的胖女人，有一天上健身房頭被撞到後，透過鏡子看自己就變成超級名模的外表，但其他人看到的仍然還是她以前的樣子。

然後她就開始以「我是超級正妹」的態度自居，她的人生完全180度大改變，她不僅得到了大多高顏值的人才能得到的工作，甚至升官變成女老闆的左右手，交到了男友，還吸引到女老闆的高富帥弟弟。這樣看似好像「只要自己相信」就好的人生，其實得到這些結果的原因與自己認為的原因並不同，女主角以為是因為自己很正，但實際上是因為她不再自卑，表現出很喜歡自己、很有活力且不再擔心別人如何看她的樣子。

但我並不認為這是自信，因為她還是得依靠腦內自己身材長相超辣的幻覺，才能維持自信的樣子。這樣建築起

---

* 姐就是美：2018年美國喜劇片，由 Amy Schumer 主演。

來的自信，的確短時間可以得到一些很棒的結果，但最終還是會從高處落下，踢到鐵板。因為她內心對自己的認知與外界認知不一致。

最終女主角得罪了自己最好的朋友們（如果這部電影是真實人生，她會遇到更多的人際關係上的問題，被更多人討厭跟排擠；如果女主角沒有工作才能，可能還會被公司的人羞辱。反觀戀愛倒是不會因為這個原因而產生什麼問題）。我認為，最後她發現自己原來根本沒有變美過之後，才建立了真正的自信，因為她發現，不用變瘦不用整形，雖然路徑不同，也可得到那些她夢寐以求的結果。

在這部電影中，有一幕場景是女主角自認自己大變身後，在乾洗店排隊，她身後的男人問她「妳的號碼多少？」她當下立即覺得這個男人是在問她的電話號碼，畢竟自己那麼正一定是如此，還因此虧了這個男人一番。而這個男人顯然只是想問她她的排隊號碼牌，一頭霧水的他當下也不敢戳破自信爆表的女主角。後來，這個男人一直都沒有打給她，女主角以為是這個男人覺得她太正了高攀不上才不敢打電話，所以主動打給他，約男人出來。在約

的過程中還略帶高姿態的說：「我理解你可能覺得我不可能會喜歡你，所以我主動打電話給你了。」而這個男人未來成為了女主角的男友。

所謂的路徑不同，是她本來以為她男友是因為她正，才想要跟她要電話，但事實上她男友是因為不好意思戳破，當初被邀約會出來也是因為不敢拒絕對方（當然有一部分原因可能也是好奇這個人哪來的自信），認識了一陣子才覺得她很有趣而被吸引，與她想像中得到愛情的路徑是不一樣的。吸引到高富帥弟弟也是，是因為對方覺得這個女生非常「有趣」，某種程度也反映了真實人生，其實對自己有一定安全感的男人真的愛這一味，這種忠於自我的女人。

如果只是討論戀愛，我想這是某程度可以行得通的做法，但還是會有一層無法突破的天花板在，就看你擇偶的標準有多高，如果只是想找個愛你的，不會有什麼問題，但談論到更廣的人際關係與成就，這種「自信」就無法支撐你讓你擁有真正想要的人生。而我想傳達的理念，一直都不限於愛情，而是要透過愛情去讓自己整體的人生變得

更加自由自在。

❝ 第二個原因：每個人的戀愛等級不一樣。

就像練武，你沒有練過，即使你表面模仿跟武功高強的人一模一樣的動作，也不會產生相同的傷害力，甚至可能會弄巧成拙讓自己受傷。因為雖然表面動作看起來一樣，但中間的過程、需要的心態、穩定度、其中眉角等等，並不光是透過做一樣的動作就能體會跟做到位的。那是需要各種不同的挫折與經驗才能學習到的事。

因此第二個重點是：「**客觀了解自己現在的戀愛等級到哪，能做哪些事，能跟哪些人相處。**」例如有些人可能並不知道如何跟異性相處，就連當普通朋友都有困難，那就表示戀愛等級偏低，當然也就沒有能力跟戀愛高手自然相處，只有等著暈船然後心碎的份。

處於這個狀況的個案很愛問我：「我該怎麼做？」但很遺憾的是，因為等級差太多的關係，不管怎麼做都會差不多。這意思並不是說他永遠都無法跟戀愛高手談感情，

而是他需要先修煉自己與異性相處的能力跟了解異性的想法，等級變高了，問「怎麼做」才有意義。

同樣是充滿費洛蒙的撥頭髮的動作，戀愛等級高（認為自己有性吸引力）的人做起來效果就跟不認為自己有性吸引力的人相差很多。認為自己有性吸引力（客觀上也有）的人，做起來就像電影上的美女一樣使人著迷，不認為自己有性吸引力的人，做起來就會像在演搞笑片。

這與長相是否真的客觀來說是否好看無關（因為我也看過長得很好看的人撥頭髮很尷尬而變得搞笑），而是與「如何定義自己的存在」有關。兩個長得很像的人戀愛等級不同，性魅力也會差很多。我有遇過一對雙胞胎姊妹參加同一場聯誼，幾乎無法分辨她們的長相有什麼差別，但聯誼受歡迎的程度，一個是第二名，另一個則是倒數第二名。當然，撥頭髮像演搞笑片也沒什麼不好，重點在於你是否了解會給人這種感覺的原因，你是被迫只能搞笑，沒有能力去展現其他風味，還是主動選擇用搞笑的方式應對？前者才會產生問題，而後者不會。

男性同理，有些男性對於女性有恐懼，無法把女生當

成跟自己一樣的生物來看待，覺得女生跟自己差太多所以無法平常心對待。也就在跟女生相處的時候容易產生使女生不舒服的行為舉止出現，這樣的人要去跟感情生活很活躍的人有平等的相處是相對困難的。

❝ 第三個原因：每個人的習慣不同

有些人在面對感情的防衛機制，是藉由拉開與對方的距離來產生安全感；有些人則是藉由更拉近距離來產生安全感。也因此如果你本身習慣以拉開距離的方式來應對狀況，那麼在戀愛技巧書籍中所教的，使用提高姿態的方法反而適得其反；同樣的，如果你本來就是一個以瘋狂拉近距離、降低姿態討好的方式來取得安全感的人，用降低姿態的方式也會變得無效。

第三個重點：「了解自己在戀愛中的習慣、模式，摸透自己運作方式。」

自我，是所有關係的出發點，也是基礎中的基礎。光是能做到前面三個重點的人，以一個想要找到「好歸宿」

的角度，就差不多可以在戀愛中如魚得水，不怕沒有客觀上優質的人要了（但是否可以在長久關係中真的得到滿足，這又是另外一回事）。

我遇過幾乎所有的戀愛初級班都常搞錯重點，把重心投向外界，認為「瞭解對方」、「知道對方的想法」才是最重要的。他們會常常問「我要怎麼知道對方喜不喜歡我？」、「我要怎麼知道對方在想什麼？」光是從一個問句，我就能知道這個人對於戀愛的等級跟觀念大概落在哪個地方跟位置，戀愛中級、高級班幾乎不會問這種問題。

而「所有人」都具有跟我同樣的能力，唯一的差別只有能不能用有邏輯的方式去解釋跟分析，這個所有人都具備的能力就是「感覺」。一般人可能沒辦法像我一樣說出對方對戀愛的想法跟概念是如何，但他們感覺得到「結果」，意指這個人有沒有魅力或是有多少吸引力，不是從一句話，而是也許相處幾分鐘就能感覺到了。

事實上，「了解自己」才是想要在戀愛方面如魚得水的最大重點。而且我們可能都會有「以為很了解自己」的這種誤解，覺得「我已經跟自己相處了超過 20 年，怎麼會

不了解自己？」

　　一般人會認為，「我的想法＝我的運作模式」，但事實上自己的運作模式，與自己的認知大部分是有落差的。比如說有一個人覺得自己有耐心（想法），但身邊的人都覺得他沒什麼耐性，也就是說他真正的運作模式是偏向沒有耐心的傾向。有時候（尤其在戀愛這方面）我們會做出一些連我們自己都不了解為什麼自己會這樣的事。

　　「我當初怎麼會這樣！怎麼會做這種選擇！」如果我們真的有那麼了解自己，就不會發生這種意外，因為我們如何運作，與我們對自己擁有什麼樣的想法是完全兩碼子事，因為人有太多不願意去面對的部分。

　　每個人在這世界上的功課都不一樣，舉我自身的例子來說，我本身容易得意忘形，並且也容易以自我中心出發，也因此我的課題就會比較偏向要去學習「臣服」這件事。但是也許你的課題跟我不一樣，是要學著更關注自己。

　　我的合夥人亞瑟是一個講話不是很直接的人，他相對我來說比較圓融，我則是一個很直接、講話不怕傷人的

人。每次亞瑟跟我說他罵了某個人，我看了對話都會說「這樣哪有在罵？」而當我說我對某個人很收斂時，亞瑟就會說「這樣哪裡收斂？」

　　一個習慣過度體貼的人，再怎麼認為自己自我，也不會自我到哪去，因為他的人生課題就是因為害怕自己很自我才變得過度體貼；一個習慣自我的人，再怎麼認為自己委屈，實際上也不會真的委屈到哪去。也就是說，我們每個人都在學習更接近兩極中間的平衡。

從「對方」這個層面看技巧

" 第四個原因：每個人的「痛點」不一樣

技巧也分成很多元的類型，某些技巧因為戳中了「男性普遍」的需求，所以幾乎對每個男人都有一定程度的效果，至於效果強度則是需要依靠瞭解對方的個體性才能掌握的。畢竟雖然都是男人，每個男人也有屬於自己的生長經驗、性格跟慾望。

第四大重點：「**在去除強烈目的性的前提下，了解對方的需求。**」

要如何了解對方的需求呢？想要了解心儀對象的需求，就必須先處理自己在面對有感覺的對象時的恐懼與執著，例如無法得到對方、不被喜歡、害怕被拒絕、一定要對方才行、只會喜歡對方、沒有對方會很痛苦、悲慘……等這些。只有做到這件事，才能客觀的去觀察對方真正的需求是什麼，而不是用自己想要的濾鏡去看。

從「關係」這個層面看技巧

第五個原因：你以為你有關注對方，實際上你只有在關注自己

關係包含著自己與對方互動的過程跟結果，戀愛初級班在意識上往往會把重點錯放到對象身上，但實際上卻完全在關注自己，不僅對自己沒有客觀認知，也忽視了對方跟關係——

 會想「我要講什麼對方才會喜歡我」
而不是「對方想聽什麼」。

 會想「我要做什麼對方才會喜歡我」
而不是「怎樣對待對方，對方才會舒服」。

 會想「我不能做什麼，不然對方會討厭我」
而不是「我不做什麼，對方才舒服」。

上述例子前後兩句的出發點都有非常大的差異，前者是有強烈為自己的目的性，後者是為了讓對方感覺更好而做，不論是否對自己有利。我們在面對好朋友時幾乎都是後者的狀態，所以才有辦法跟好朋友處得很好並且維持一段很長、延續的友誼。

　　戀愛初級班想要看懂對象，想知道對象的想法跟需求，出發點在於想要滿足自己的目的——想要跟對方交往、想要被對方喜歡。並不是真正的在關注心儀的對象，而是在關注自己，對只在乎自己目的的人來說，心儀對象的存在意義只在於完成這個目的而已，他們被視為滿足某種特定慾望的客體，而不是一個被尊重的「個體」。

　　初級班所關注的，是自己過度被放大的欲望（想被喜歡）跟恐懼（怕被拒絕），並不是對象「這個人」或是這段關係。也因此，對方也會無法感覺到你有任何魅力可言，因為他就只是滿足你慾望的「工具」罷了。

　　戀愛初級班也很容易喜歡上不熟、接觸交流不深的對象，就是因為無法將喜歡的人當成「個體」，只不過是滿足自己對「戀愛對象」投射的想像而已。初級班喜歡上的

是為自己戀愛投射服務的工具，而非對方本人。

也就是說，**初級班之所以戀愛不順利，是因為他們的戀愛關係中只有自己，事實上對方並不存在於這段關係中，對方也深深感受到這件事，所以才沒被吸引**。就像是當一個你不喜歡的人來追你，這個「不喜歡」的前提，例如你覺得噁心或是可怕的人，大多並不是因為他們真的外表有多噁心可怕，而是他們的行為舉止，讓你感覺到他根本沒在考慮你的心情，只在乎他自己的感覺與需求，所以才會對他產生厭惡感與壓力。

戀愛中級班的人，能夠做到前面的三個重點，然後透過實戰尋找出一套成功率最大化的固定套路（成功模式），去用在有興趣的人身上，通常這個成功模式並不會適用於每個人，當我們會用一個固定模式去「對付」跟自己相處的人的時候，那其實也代表著，沒有把對方放在眼裡，當成一個「個體」在對待。

除此之外，等級高的對象也不容易被套路攻陷，因此戀愛中級班可能追求者會很多，也能讓喜歡的人對自己產生好感，但卻可能無法讓喜歡的人對自己產生強烈的感

覺。

而戀愛高級班的人，會將對方視為一個「個體」，而不是滿足自己目的的「受體」，去除了目的性，也因此會更容易正確判讀對方的心理狀態跟訊號，不會被過度放大的恐懼（被拒絕）或是慾望（想進一步發展）影響自己的判斷，而能夠透過關係的現況來選擇如何應對。知道自己這裡發生什麼事、知道對方那裡發生什麼事，知道彼此雙方發生的這些事、採取的動作，對兩個人的關係造成了什麼樣的影響。

是否能正確判斷的能力跟這個人正派與否無關，許多邪教教主也非常懂得去抓住別人的深層需求並且先滿足，才得以使這些教徒做出旁人認為「非理智」的可怕選擇。

基本上，我們可以將關係看成一個化學實驗，一個物質加上另外一個物質，會產生什麼樣的化學變化？會透過什麼樣的過程，產出什麼樣的東西？如果我們有「產出愛情」這個目標的話，那我們該在什麼時機加入什麼，或抽取什麼才能使實驗結果如果我們所想呢？

也就是說，要搞懂這化學實驗，肯定得先把參與這個

實驗的原料本身特質搞清楚，也許有雜質需要精煉，也許缺乏什麼需要加入。原料本身沒有所謂的好壞對錯，就只有做不做得出我們想要的結果而已。

第五大重點：「**有能力去關注到關係的發展、模式跟現況並且即時做出正確的回應跟調整。**」

有能力做到四、五的人，除了可以吸引到自己真正喜歡的人之外，更有能力去維持長久關係。

魔鬼其實藏在細節裡

　　很多人（尤其是戀愛初級班）會以為，戀愛要順利在於是否使用了那一兩招強招；認為對象會不會喜歡、愛上自己，關鍵在於做對那很大的兩三件事。但事實上，真正能夠去影響關係的，是每一分每一秒的細節累積。

　　這也是為什麼戀愛技巧有時候沒有用、而且也無法讓你維持長期關係的原因，也是為什麼我從來不做任何關係的從旁指導，因為**就算我幫你做了對的事，你自己還是有把關係破壞的強烈傾向跟習慣**，這個傾向和習慣才是該去處理的事，而不是透過我來幫你回訊息來維持假象。除非你是想要從中學習，已經有把此對象當成「可能會失去的練習對象」的覺悟，但很少有人可以做到。

　　如果你平常表現都是負分，那你突然做一件加分的事情也不會讓整體分數變多高，要記得平常那些分數也一直持續在累積。沒有用招數的時間，也是相處時間，而且占

的比重遠高於你有用技巧的時間！

　　因此可以說，招數的使用在於每分每秒的累積。但我們沒有辦法每分每秒同時監控自己身上那麼多元素，因為人的注意力是有限的。當我們開始注意眼神，就會忘記肢體，當我們開始注意聲音的使用，就會忘記其他地方。也因此心態的訓練如此重要，當觀念、心態對了，自然而然就會展現出相對應層次的姿態、行動、反應。就能輕鬆、自動化的讓分數持續累積。

　　從圖中可以看到，我們的心中所擁有的觀念會透過各種不同的形式呈現，當外層與內層有衝突的時候，我們就

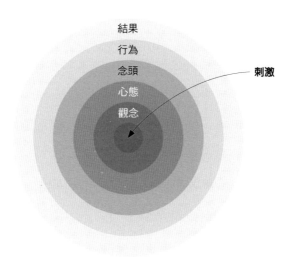

會呈現出所謂「東施效顰」的怪樣子，在執行技巧的時候可能會不成功或被別人覺得很怪異。大部分的戀愛技巧書要你改變的只是行為或說法，但卻沒有教你要怎麼說、怎麼做，甚至沒有教你如何重寫自己潛意識的設定（但其他非戀愛系的書可能會寫）。

例如我們的身體想要呈現「觸摸自己的身體」的動作，但心態的層次狀態是不喜歡觸碰自己的身體，那我們在做撥頭髮、摸脖子等呈現性感的肢體語言動作時，就會做得非常奇怪（然後我們又可以去追溯為什麼不喜歡觸碰自己的身體這點，深入到觀念層次）。

又或是要執行眼神交流這個項目時，你雖然做到把視線放到對方的雙眼上，但可能因為心理狀態很抗拒這件事，因此有可能讓對方覺得你在瞪他，或呈現眼睛沒有靈魂的狀態，或明明眼睛盯著卻沒有在看對方的感覺。

沒有使用技巧的時間，也就是我們下意識的習慣在主導行為，每分每秒的作為跟細節都會慢慢累積，這些習慣的來源，就是我們在面對感情時的價值觀念。若實際上你對感情的價值觀其實是會讓你吸引失敗的價值觀，再強大

的技巧也會因此被大打折扣。

你也許認為搔首弄姿是有魅力的，因為看到演藝圈的明星這樣做都很吸引人，所以你可能就想要模仿他們那樣搔首弄姿，你的外顯行為是模仿了他們的動作沒錯，但因為可能你內心並不覺得自己有資格去做這些動作，或是並不真的享受別人的眼光，或是實際上是很害怕被評價，那麼當你的內在跟外在狀態是「打架」的狀態時，就會產生內外在不協調的感覺，也是造成別人覺得你做起那些事情「很奇怪」的原因。他們可能說不上來是哪裡怪，但就是覺得不太舒服，或幫你覺得尷尬。

最內層的「觀念」並不是指我們說得出來的「理性觀念」，而是我們在生活中是如何「運作」的。有些人嘴上說他的觀念是「看事情要找到正面意義」，但實際上在生活中運作時他卻常常心情不佳，因為實際上他習慣先去看事情的負面意義。也因此，理性所說的事情並不永遠代表我們的真正的想法跟觀念，那可能是無意識的防衛狀態，或刻意被包裝的。能夠實際呈現我們真正的價值觀的東西，就只有我們遇到的人際結果。

如果我遇到異性都不喜歡我，但我在理性的想法上覺得自己是一個有價值的人，那就代表當我們在遇到異性的時候所呈現出來的樣子，可能並不符合真正相信自己是有價值的人會有的狀態。「不被異性喜歡」就是人際結果，而這個人際結果顯示了我們在面對戀愛關係時真正的價值觀：認為自己沒有價值。因為如果我們真正認為自己是有價值的人，那我們也能讓自己以外的人感受到，也就不會得到無法戀愛的結果。

　　這意思並不是要自己去承擔所有的責任跟錯誤，而是要知道「雖然那不是你的錯，但跟你有關。」所以如果想要改變自己的人際（戀愛）結果，就必須知道有哪些事是自己需要負責的，並且著手去調整它。要記得，負責但不受責。

Chapter 2

關係的運作方式
決定愛情的模樣

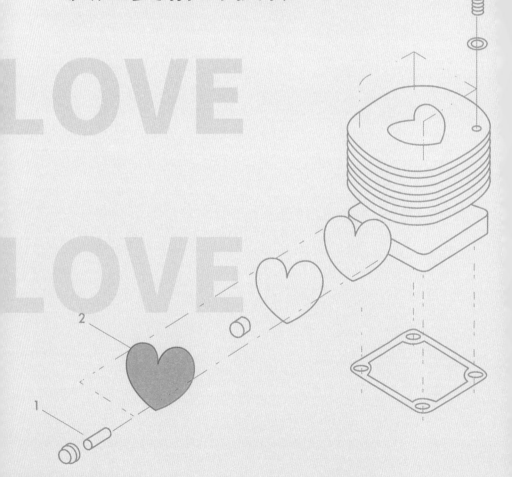

科學已經證實，世界上所有的東西都是由能量所組成的，當然人的身體也是其中之一。我們內心的狀態就是內在的能量核心，我們的價值觀就是人體這個機器的中央處理器，決定了身體上的資訊會如何輸出跟展示，包含我們的眼神、表情、肢體動作、聲音、反應等等，這些都是內在能量的能量有形的顯化，而他人也就透過眼耳鼻舌身五感可以接收到的這些資訊，來「感受」你是一個什麼樣的人、你散發什麼樣的「氣場」。

人與人之間的互動，
本質上就是能量的交流

　　關係是我們與他人互動過程得到的結果，也就是兩個能量場互相作用之下的產物。我們會散發什麼樣的能量，取決於我們怎麼定義自己在這個世界中的存在意義與價值。

　　我們如何定義自己，會同時影響我們如何定義他人、世界，那是一體三面的事情。當你覺得自己是某種情況的受害者，不論你意識上有沒有發現、認不認同，他人跟世界就會相對被你定義成是加害者。

　　舉例來說，當我認為大家都不容易喜歡我時，我便將別人定義成「會容易討厭別人的人」，然而我們理性思考，一個好人是不會隨便討厭他人的，反而是容易喜歡別人、看見別人優點的人。也因此當我們覺得自己不會被其他人喜歡時，是將自己以外的他人定義成「容易討厭別人的人」，也就是「壞人」。

　　拿我自己的例子來說，我在青少年時期很少展露自己的笑容，並不是因為我的個性是「不喜歡笑」，而是因為我覺得別人不會喜歡我，所呈現的一種自我保護的形式。但我們會認為「我就是這樣」，不喜歡笑就是我這個人的樣子。但事實上真的是如此嗎？如果我把自己定義成「大家會喜歡的人」，我大概就能更長展現笑容跟善意。

　　也因此，氣場這東西是會根據心理狀態的不同而隨時有所變動，但還是會維持在一定的區間範圍內，因為潛意識中的觀念是很難一夕之間被改變的（但若是長時間，還是有可能有巨幅變化）。潛意識承載了強大的能量，它會透過以下各種身體可以利用的工具當作運送、呈現能量的載體，這些眼睛看得到的、耳朵聽得到的、身體感覺得到的，皆是能量的物理具現化。

　　我們可以將那些「魔鬼細節」當作是不間斷的人與人之間的溝通過程，從第一秒見到彼此就開始計算、產生化學作用。化學作用包含語言溝通跟非語言溝通，人基本上是情緒的動物，我們所做的理性決策都會建立在感性的感覺前提上，因此非邏輯非語言溝通比語言溝通更重要（這

在很多人際關係的書中都有提到，我就不多做解釋）。

也因此，如果要將戀愛化成技術，最基本的就是要區分「意識溝通」跟「潛意識溝通」的差異。意識溝通著重把「表面上的意思」用最粗淺的方式表達出來，潛意識溝通則是用繞過意識的方法直接影響他人對你的感受。意識溝通因為較著重理性忽略了人性與情緒，會容易讓人起戒心，而且常常會在意圖展現某種價值的時候以失敗收場。

例如我曾經聽過的活生生的例子是：

e.g.1 有某一個男生跟一個女生說：「我是一個有價值的人！我來邀請妳加入我的生活！」

e.g.2 女生故意跟喜歡的對象說：「我覺得最近那個○○○好像在追我耶，你覺得我該怎麼辦？」

這兩個人都試圖想要展現自己是高價值、有選擇的人，但實際上會造成什麼樣的效果呢？

我想各位讀者都很聰明，都感覺得到那個 Low 感，我相信這兩個人如果讀到這邊也會覺得 Low，只是沒辦法嘛，在說的當下都是當局者迷。當然後者比前者稍微高竿

一點，但仍然很粗糙，因為他們都想要透過「意識溝通」
來達成這個讓對方覺得「我是蠻不錯的選擇」的目的。

第一個人表面上說「我是一個有價值的人！」為什麼
會產生那麼強烈的違和感？因為真正有價值的人才不會這
樣說，而說這句話的人因為對於「有價值」這件事的理解
層次太低，以為只要把「有價值」三個字說出口，並且連
結到自己身上就會有效果了。他的想法可能是「我真的覺
得自己有價值，而且也真的這樣告訴別人了，為什麼沒有
用？」但如果同樣的話是用開玩笑、幽默的方式講出來，
那效果又另當別論。

第二個人刻意跟曖昧對象提到「競爭」的話題，如果
這個男生本來就非常喜歡她的話另當別論，可能會著急想
要更快推進，但如果這個男生等級很高，又只是對這個女
生有些許好感而已，可能就會馬上冷掉，因為會覺得這是
一個很低級的激將法，而且深怕別人不知道自己被追。真
正很多人喜歡、有價值的女人不會因為被一個人追就拿出
來講、覺得煩惱，喜歡就喜歡、不喜歡就不喜歡，還要問
別人怎麼辦，容易讓人覺得很刻意。這句話雖然在表面上

好像想要表達「我有人追喔」的意圖，但潛意識溝通的層次卻說了「我好缺你喜歡我，快喜歡我、追我」。

我們在說話跟用文字表達自己的時候，除了文字表面的意義，都會有一個說話者的「前提」。如果要在語言文字上面做到成功的潛意識溝通，要把重點放在這個「前提」上，而不是文字表面的意思。拿第一個例子來說，因為有價值的男人不會說自己是有價值的人，這個前提不存在，所以刻意這樣說的人的前提就是「他是一個沒有價值的人才需要這樣說」。

再舉一個例子：

e.g.3 **當網路上有素不相識的人問「可以跟你當朋友嗎？」時。**

這個問題可以看出這個人完全不懂溝通，而且完美詮釋了在建立關係的過程中完全只關注自己，沒有把對方考慮在關係裡的情況。當一個人傳送出「可以跟你當朋友嗎？」的意識訊息時，好像是要表達友善、有興趣的感

覺,但事實上傳達的是「我好沒安全感,只要你確認我可以跟你當朋友,我就可以不用任何努力就能問你私密問題、約你出來,因為你先答應我了,所以如果你之後表現不友善,我可以怪在你頭上」,是一種完美的情緒勒索。

收到這則訊息的人可能沒有什麼預設立場,沒有覺得不能跟你當朋友,也沒有覺得需要跟你當朋友。但該怎麼回應?回「可以」嗎?還是回「不行」?這兩者對在這立場的人來說都很難回答,因為不想給予任何承諾,因為根本不認識你這個人,你也還沒做出任何讓我覺得舒服、或讓我想認識你的作為或條件(長得好看也是一種籌碼跟條件),為什麼我要答應當你朋友?然後接受你的提問跟未來可能的騷擾?回答不行也不對,因為也不是真的不行,只要你讓我覺得你很有趣、想讓我繼續認識你,我們就能當朋友,而且回答不行會覺得自己個性很差、沒禮貌。

這個提問者很明顯完全沒考慮到對方的立場跟心情,只顧著提出自己的目的,並且擺明希望對方不要拒絕。這段關係很明顯的只有提問者自己存在,對方只感受到不舒服,但提問者卻覺得這個問題毫無問題,然後覺得為什麼

對方不回應？為什麼自己運氣這麼背？人帥／人正真好？假如你沒有帥／正的價值，當然就要認清現實找到別的價值不是嗎？

　　很多時候，當我們在跟別人相處不順的時候，都是這種只顧自己還渾然不知的原因造成的。

兩性關係中最重要的能量化學： 陰性能量與陽性能量

在兩性關係中，我們可以把人的能量區分成陰跟陽兩種形式。這也是要在兩性關係裡順利最需要了解的能量的分類形式。陰性能量延伸出來的是屬於女性傾向的力量與特質，而陽性能量所延伸出來是男性傾向的力量與特質。**這邊所謂的「男性」、「女性」指的並不是個體的客觀性別，而只是一種能量延伸出來的具現化性質總稱。**

如果我們認為自己是異性戀，喜歡的對象也是異性戀，那代表著我們是一個能量比起其他性向的人更僵化、更固定的族群。也就是說，異性戀的男人只有在能夠讓自己呈現陽性能量狀態的時候會最開心，而異性戀女人只有在能夠讓自己呈現陰性能量狀態的時候會最開心。在這邊

陽性的解釋是「提供／覺得自己有用」，陰性的解釋是
「接收／覺得被寵愛」。

　　不論看起來多強悍、能力多強的女強人，只要她是異
性戀，心裡都渴望被擁有陽性能量的男性寵愛、疼愛。不
論個性多細膩的男人，只要他是異性戀，他都希望可以藉
由提供、追逐女人，從呈現陰性特質的女人身上得到獎
勵、被女人尊重，來覺得自己的人生是成功的、有意義
的。

　　並不是女人就沒有提供的需求，或是男人沒有被疼愛
的需求，只是在兩性關係中的幸福感，大多藉由與自己認
同的性別代表的能量形式來提供。

　　這也是為什麼在異性戀的世界，不管什麼類型的教學
書籍，教男人的都是教男人表現得更像男人的樣子，教女
人的都是教女人要表現得更像女人的樣子，會有相對僵化
的性別角色期待，就是因為我們是異性戀。我們只有在自
己認可的能量形式中才會覺得舒服，所投射的戀愛對象也
需要在某個特定的能量形式中才會被吸引。

　　而其他性向的人則對陰陽能量的整合程度較高，也能

接受比較多元化的陰陽能量混合體。尤其是雙性戀，我認識的雙性戀朋友幾乎都有這樣的傾向：「喜歡很男人味的男人，喜歡很女人味的女人。然後在跟女人在一起的時候，自己的陽性能量會自然變強；而跟男人在一起的時候，自己的陰性能量會自然出現。」

我們也可以在女同性戀、男同性戀身上看到與異性戀不太一樣的混合呈現的特殊陰陽能量，例如怪奇比莉*。她是一個具有混合陰陽氣質的存在，她對於自己肢體、打扮的呈現都是屬於比較中性、率性甚至有點邪魅的姿態，但她的歌聲卻是非常柔而且空靈的。她既沒有正面承認過自己是同性戀，也沒有否認過自己不是同性戀，她的存在氣質具有強烈的衝突，但卻會覺得她有一股不可思議的、男女通吃的魅力（我推斷她也許真的男女通吃也說不定）。這就是比較開放、沒那麼僵化的能量呈現形式。

但並不是說女生就不該有陽性能量，男人就沒有陰性能量。只要是人類的課題，就必須透過自我療癒來整合內在的能量，讓它們能在最適合自己的狀態下存在。我們看太極圖中，其實是「陰中有陽、陽中有陰」，而大部分在

---

* 怪奇比莉：Billie Eilish，美國知名歌手、詞曲作家。

吸引過程中不順利的異性戀男女，都是用錯能量形式來表現自己。

　　女性在成長過程中若習慣用陽性能量保護自己、與他人互動，缺乏與自己的陰性能量連結（接收困難、無法開放、無法活在當下），或男性若是在成長過程中習慣用陰性能量保護自己、與他人互動，缺乏與自己的陽性能量連結（膽小、不直接、畏縮），這兩種族群在異性戀的世界中，尋找愛情容易屢屢失敗，因為異性戀在愛情中投射的理想對象模樣，是跟自己所認同的性別相反的能量形式。

　　舉例來說，身為一個異性戀女生，我很難喜歡上喜歡穿著女裝跟喜愛化妝的男性，但我卻可以喜歡 Tomboy（外表打扮、行為舉止都接近男性的生理女性），我並非將對方當成女性來喜歡，而是因為她擁有比我周遭男性更強的陽性能量。因為我所投射的理想對象的形象是「陽性能量」，我本身的自我認同是「陰性能量」，所以我才會「成為女人」，並且在心理層面認同自己是以女性的角色存在。同樣的道理，要異性戀男性去喜歡有過度陽剛氣質的女性是相對困難的。

　　當然也有女性是表現形式是陰性能量但中心缺乏陽性能量作為支撐核心的類型，這樣的人在吸引上不會有什麼問題，問題會出在關係的維繫跟維持與男人的關係平衡上頭，缺乏陽性能量支撐的女性，容易在關係內被打壓。

　　同理，男性也有相同狀況，缺乏陰性能量為核心支撐的陽性能量，問題也會顯現在關係的維持上。最佳例子就是傳統父母輩的典型顧家溫柔的媽媽與不擅表達情感、無法放鬆且專制難以溝通的爸爸。

　　如果異性戀要活得開心並同時擁有愛情的選擇權，那麼女性就是練習讓自己的陽性能量用陰性的外在呈現方式來表現。而男性則是學習讓自己的陰性能量用陽性的外在呈現方式表現。

　　如果說水是陰性能量的具現化形式，滴水能穿石、水能覆舟、水無法被壓縮無法被物質破壞、水刀可切割鑽石，這些就是水隱藏的陽性能量。但表面上它的具現載體仍然是看起來沒什麼硬度、殺傷力、陰性的水。

　　用英文可能更能讓各位理解所謂的陰陽能量在男女關係中展現的模式，陰性能量可以說是 Feminine Energy，而

陽性能量則是 Masuline Energy。以下圖表可以讓讀者更了解陰性能量跟陽性能量的特質。

　　這些特質可以由負面的方式呈現，也可以由正面的方式呈現，陰性能量跟陽性能量都有可能受傷。陰性能量受傷會無力化、情緒勒索、情緒化、過度敏感、陷入受害者情節等。而陽性能量受傷則是會攻擊性更強、反擊、暴力、濫用權力等。

陰性能量 Feminine Energy	陽性能量 Masculine Energy
存在 Being	行動 Doing
直覺 intuitive	分析 analytical
軟 soft	硬 hard
向內 inward	向外 outward
創造 creative	邏輯 logical
培育 nurturing	冒險 risk-taking
經驗、過程 experiencing	達成、結果 achieving
合作 collaborative	競爭 competitive
被動 passive	主動 active

接收 receive	提供 provide
以人為本（心情、關係） love/relationship/people first	以事為本（目標、問題） have purpose and direction
慢、耐心 slow	快、急躁 urgent
彈性 flexible	原則 bottom-lined
順從／順流 allowing	主導／控制 controlling
臣服 surrender	攻擊性 aggressive

　　我因為成長的過程中像是被當成兒子般撫養長大，加上父母的關係中，我認同的對象是我爸爸而不是我媽媽（因為在我眼中我媽是被我爸欺負的那個人，而我絕對不想要變成我媽的角色），也因此我更習慣用以呈現陽性能量的方式來保護自己，例如凡事都要自己來不能拜託、麻煩到別人、不能展現脆弱、當自己受到威脅時攻擊回去、主動爭取、硬起來等。

　　雖然不管是陰性還是陽性受傷的保護模式都會使自己不舒服，但處於外顯陽性能量的自我並不是讓我感覺最愉快的狀態。直到我學習去與自己的陰性能量連結，開始能

夠透過自己的陰性能量去引發異性的陽性特質時，我才感覺自己的能量是真正穩定且真正擁有存在的自信的，因為我是個女人，也渴望成為有女人力量的女人，而不是一個偽裝成男人的女人。

戀愛發生的四大原因

一、對方身上擁有我們想要的特質、東西
（通常與自己互補）

　　這就是所謂的異性相吸，相異性會產生強大的吸引力，也就是浪漫愛情中那種激情的感覺。我們想要透過對方來感覺自己是完整的，在情歌中時常出現的 " You complete me. " 就是這個意思。這也是為什麼身為異性戀要受到異性的歡迎，至少要站好自己的性別角色，因為我們得先對自身有一個確定的性別角色定義，再去尋找與自己相異的存在。

　　相異性越高，激情就越大，但就像煙火一樣很絢爛卻會立即消逝。為什麼相異性太高會使愛情容易結束呢？因為「別人盤子裡的東西總是看起來比較好吃」，我們會想要自己所沒有的東西，會強烈想要的原因就是因為我們過

度美化我們所沒有的，一心只想到擁有之後可以得到的好處，卻很少、很難去想到擁有之後的壞處跟代價。

也就是說，**對於想要的東西我們容易有錯誤期待，而當關係中的熱情、新鮮感被用完之後，就會漸漸發現原來想要的東西沒有想像中那麼美好，因為我們對它有很大的期望，所以失望也會特別大，也會難以接受自己原本心中的粉紅泡泡被粉碎。**

當然這也有雙方不對等的情形，例如 A 身上有 B 想要的特質，B 就會被 A 強烈吸引，但如果 B 身上沒有什麼 A 覺得想要的特質，反而覺得 B 與自己很相似的話，那 A 就只會對 B 有朋友的喜歡。也就是說是否互補、相似其實是很主觀的事情。

" 二、對方身上擁有與我們相似的特質、東西

相似性會讓我們產生安全感，也就是朋友間那種互相理解、可以安心的展現自我，不會被批判的感覺（因為我覺得他跟我一樣）。這也是為什麼對於異性戀來說可以成

為真正的「純」朋友的對象通常會是同性。陰性特質強的生理男同性戀則會跟女生、或同樣陰性特質的生理男比較要好，因為對於陰性特質強的人來說，陰性特質才是與他本身相似的東西。

相似性如果太高的話容易缺乏激情而變成朋友，我們很難對太過於女性化的男生產生心動感的原因就在此。有些人會問到底互補好還是相似好？其實互補與相似是主觀認定之下的結果，就像每個人都有相似之處，因為我們都是人類，共有人類這種動物相同的習性、情感，都會吃喝拉撒，都有自己的痛苦；但每個人同時也是不一樣的，根據經歷、成長背景等等會造成許多不同之處。因此，沒有哪一邊特別好，每一段關係都一定有相似跟互補，兩者皆具關係才會相對穩固。

❝ 三、對方引起我們對自身良好的感受

這一點其實比相似或是互補更重要，因為在我們討厭的人當中，也有一些人身上有我們想要的特質，或是跟我

們自己相似的特質。「很討厭一個人並且很強烈受他吸引」這是有可能發生而且不衝突的事情，因為討厭是一種強烈的能量情緒，我們會一直關注我們超級討厭的人，那其實就是一種強烈吸引。只要發現我們覺得他討厭的特質消失了（或是發現誤會對方了），那些累積的討厭的情緒就會一瞬間全部轉成正面的情緒，而變成強烈喜歡。所以如果一開始對方對你的印象很差，那麼這其實是可以去操作的地方（這比較常發生在女性對男性，男性很少一開始就強烈對女生有反感）。

我們會討厭或者喜歡一個人，取決於我們在這個人身邊時，我們變得更喜歡自己還是更討厭自己。如果這個人身上有我想要、欣賞的特質，但他一直瞧不起我，我就會討厭他；如果他讓我覺得自己也被欣賞了，我就會喜歡他；如果這個人有跟我相似的特質，但他表現出排斥我的樣子，我就會討厭他；如果他表現出接納而且歡喜的樣子，我就會喜歡他。

也就是說，技巧的目的就是透過展現自我以及與對方互動的方式，來引起對方心中的感覺。而他心中的情感

（不論正負）如果是因為你所產生，那個情感就會轉移到刺激來源體上，然後進一步認定這是「對你的感覺」。

四、自己花很多時間想關於對方的事

我們會不會喜歡上一個人，不在於我們主動邀約對方多少次、送對方多少次禮物、跟對方聊多少天還是花多少時間相處，因為這些事情我們也會對異性跟同性的好朋友做，但卻不會因此喜歡上朋友。這些「對方可以意識到的」行為，我們定義成「外部投資」。

我們會花多少心力、時間、嫉妒心、猜疑心、得失心這些「對方無法意識到」的行為在對方身上，則是使我們開始在意、想跟一個人在一起的元素，也就是「內部投資」。

所以近水樓台不見得會先得月，不然大家都喜歡工作夥伴跟好朋友就好了。真正決定「想要跟對方戀愛」的喜歡是否產生，重點在於「內部投資」而不在「外部投資」上。

戀愛中級班的人常常會搞錯，以為要成為戀愛高手，就必須要修煉自己變成一個沒有得失心的人。也因此中級班常常會遇到一個問題，就是對大部分自己沒有那麼有感覺的人可以將得失心壓下來，如魚得水，但遇到真的很喜歡的就無法把得失心壓下來，還是照樣吃屎。沒有得失心我們不會想要戀愛，也不會對任何人產生戀愛的感覺，但太多的得失心會讓我們把關係搞砸。

　　戀愛高級班則不會太過於在乎自己花多少時間想對方、有多少得失心，因為儘管有得失心，他們也不會被這個得失心給左右、控制自己的行為跟心情，對戀愛高級班來說，得到的快樂與得不到的痛苦兩者之間的差異不會像初、中級班那麼大。因為高級班不需要藉由外界的某個對象才能完整、快樂，也不需要透過被某個特定的人愛才能證明自己的價值。高級班的人有能力打破投射的幻想，了解所有的問題都得回歸到自己，而不是追逐外界的人事物，所以得失心、需求感都會相對低。

男女的擇偶標準

　　外表重要嗎？人是視覺的動物，喜歡好看的東西，這是天經地義的事情。我不會假意的告訴你外表不重要，但事實是，每個人審美的方式跟標準都是不一樣的。當然在口味上有分眾，有些美比較多人欣賞，有些美比較少人欣賞，就像食物一樣，喜歡馬鈴薯的人一定比喜歡茄子的人多，但並不代表茄子就注定只能被某一群人喜歡。

　　我們應該都經歷過，去某家餐廳吃到自己原本不喜歡吃的食物，但卻覺得很好吃的經驗；或是明明自己很喜歡吃的東西，去某家餐廳吃發現一點都不好吃。這代表雖然食物本身的味道、口感很重要，但決定這個東西好不好吃、合不合你胃口，不只是食物本身決定的，還與廚師怎麼去料理它有關。

　　也就是說，你本身是個素材，也許你的長相並不符合大部分的人的審美觀，但只要懂得料理自己，也有可能使

本來不喜歡你的人變得喜歡你，但他並不是變得喜歡你這型，就像我們不會因為喜歡這位廚師做的茄子，就變得突然也喜歡吃其他地方的茄子，是只有在這家餐廳才喜歡吃。這件事是因為是你會料理自己才成立的。

在好萊塢就有一些這種類型的明星，例如班尼狄克康拜區 *，客觀來說他的五官很奇怪，但他就是有種很不可思議的魅力。那在於他的舉手投足，他如何應對外來刺激與他的 EQ。金高銀 *、孔曉振 * 也不是演藝圈中典型的美女。這些人當我們在真的看劇之前可能都會覺得「怎麼找這麼醜的人來當女／男主角？」我舉例的這些人在我看劇之前都真的有這麼想過，但看完劇之後就深深陷在這些人的魅力之中。他們反而比那些符合大眾審美觀的明星更讓人著迷，就因為他們本身不具有符合大眾審美的優勢，才更加讓人更加覺得他們是真的有魅力、散發光芒的。

再舉個例子，我記得日本動物園有一隻非常帥氣的大猩猩，他的舉手投足都充滿費洛蒙與氣勢，就算牠就是隻大猩猩，也讓很多人覺得牠好 man 好帥。真正影響別人是否覺得我們美麗、帥氣的重點，並不在於真的五官長怎

* 班尼狄克康拜區：Benedict Cumberbatch，知名英國演員，代表作品有影集《新世紀福爾摩斯》（Sherlock）、電影《奇異博士》（Doctor Strange）等。
* 金高銀：知名韓國演員，代表作品為韓劇《鬼怪》等。
* 孔曉振：知名韓國演員，代表作品為韓劇《主君的太陽》等。

樣，而是我們「整尊」在動態之下帶給別人的感受。

在亞洲有一個特別的現象，就是男人對女人的審美觀似乎很狹隘，但之所以會這樣原因，並不是男人真的喜歡同一種美，而是亞洲男性普遍自我價值感不足，需要外界社會、同儕的認同，所以他們所表現出喜歡女生的類型，大多都是符合社會標準審美觀的正妹，他們怕自己喜歡的如果不符合社會標準，會被同儕取笑。也就是說，他們在乎面子大於自己真正的喜好。但是如果去看 A 片的搜尋關鍵字，就會知道男性會產生性慾的對象類型比我們想像中更多元，甚至超乎我們的想像，並不如我們以為的那麼狹隘。

我曾經問過已經不需要在兩性領域證明自己的男性友人（長得非常帥，女生真的會直接倒貼的那種），我問他們，「光看外表」的話，會喜歡什麼樣的女生？令人驚訝的是，他們所給的答案，幾乎都不符合社會的標準審美觀（我這邊所指的「社會的標準」是指女性對於美麗臉孔的模組，大部分的人整形的樣本），而且他們就是覺得那樣的人就是很正，也不擔心別人會不會批評他們的口味。大

多真的很受歡迎的男性（不論受歡迎的原因是什麼）其實不太會去挑剔女性的外表跟長相，他們都很懂得欣賞不同女性各自的美，也正因如此他們才會受歡迎。

男性會如何對待女性，女性們其實都看在眼裡，你對長得不怎麼好看的人是什麼態度，跟你對正妹是什麼態度，都是女性評價、觀察你的重點之一。

前面提到，女生的安全感來自於「我不會被丟棄」這點，如果你會因為女生的外表而態度有所改變，女生就會認為（就算很正的女生也會）如果自己以後因為變老或是生小孩變醜變胖，你是不是就會隨意的因為外表而拋棄自己？不管是不是正妹都會對這種因為外表而態度有大幅改變的男生有厭惡感。

舉例來說，大學聯誼玩遊戲抽配對時，你如果因為抽到一個很明顯全場最不搶手的女生而面露嫌惡的表情，女生一定會注意到然後大大的對你扣分。如果你還跟你兄弟說「欸幹跟你換啦」這種調侃那位不搶手女生的話，那就更加糟糕了，很多時候你怎麼出局的你都不知道。但如果你仍然可以對於這位最不搶手女生表現出愉悅跟友善，那

不管是哪個妹都會對你大大的加分。

也因此，所謂的性魅力，並不是要女生變得超瘦、臉超小、眼睛超大……這些整形過後會有的長相，而是要皮膚好、有曲線、比例好（但不見得一定是很嬌小、穿 S 號的體型），並且懂得讓自己看起來是舒服乾淨的，那對大部分的男人來說就已經很足夠了。

真正的性魅力也不隱藏在五官的分布上，而是你如何用這些身體的工具來表現自己。我們可能會一直聽到「美麗是因為自信」，其實我認為這個說法很容易讓人誤會，因為大部分的人把「自信」這個概念用在自己身上的時候很常會變形成「自以為是」。但如果夠自以為是，還是會比表現得很自卑來得受歡迎，也會受到某些喜歡「做自己」這個概念的人的鼓勵。

但你自己的感情世界有沒有因為完全不參考外在聲音，而變得更自在順利？你滿不滿意？當然只有你自己知道（雖然有些人的滿意是建立在發生不順利的事，千錯萬錯都不是我的錯上面，但這也是一種選擇，過得高興就好）。

我認為更準確的說法應該是「你是否對自己有安全感」，因為很多將「自信」誤解為「自以為」的人，仍然對自己是很沒安全感的，他們對外界的批評跟評價是採取排斥跟防衛的態度，並不是真的沒放在心上了。只是不接觸、不面對，並不代表那就真正有安全感了。

　　這就跟我們單身的時候（或是跟沒那麼喜歡的人交往時）都很好，進入關係的時候才會很沒安全感一樣。拜託，單身、跟沒那麼喜歡的人交往時當然很好啊，因為在這樣的狀態時沒有刺激源，並不是你很有安全感，只是單身、跟沒那麼喜歡的人交往時的條件不足以引發那部分的你而已。

　　很多人喜歡告訴我「沒遇見他時我根本不是這樣的人！」就跟你會怕蟑螂一樣，沒看見蟑螂時都很好不會尖叫，看到蟑螂尖叫，你總不會說「要不是遇到蟑螂，我平常可不是這樣的人」吧？你沒看到蟑螂、不接觸蟑螂，等於你對蟑螂的恐懼被解決了嗎？恐怕是沒有吧？

　　真正對自己有安全感的人，會去接納他人對自己或好或壞的評價。**「接納」不代表要順應別人來改變自己，而**

是接受對方是這樣看自己的，而對方如何看自己，是對方的課題。自己只需要去思考，面對各式各樣的評價，我要怎麼面對？我要的是什麼？根據我要的東西，哪些批評是值得參考的？哪些批評是不值得參考的？值得參考的部分，我如何改善？不值得參考的部分，我如何改變觀點來改變不舒服的感受？根據我要的，哪些好聽話是對我有幫助的？哪些好聽話反而是包裹糖衣的毒藥？有安全感，代表的是可以接納面對批評，並且篩選出對自己有利的批評，做出自己想要的選擇。

　　離題了，回到擇偶標準的這個主題上，我推薦大家去看一個日本的實境秀節目叫做「雙層公寓」*，主要演出內容是一個三男三女住在同一個屋簷下發生的各種事情，看這個影集就會發現，男女在擇偶的過程中，外表的確會是一開始最吸引人的事情，但最後決定一個人會不會喜歡上另外一個人，還是取決於相處的過程跟感覺，外表只要有通過基本門檻就可以了。

---

* 雙層公寓：Terrace House，由日本富士電視台和 Netfliex 聯合製作合作。

Chapter 3

使用技巧
是為了「引發對方的感覺」

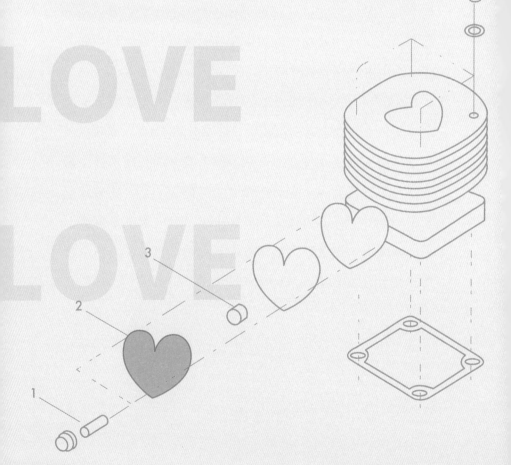

使用技巧的目的，在於引發對方對於戀愛需要的感覺，我們平時在跟別人相處的時候也時時刻刻在無意識的、處於「自動駕駛狀態」在引發別人的感覺（也因此造成了跟不同人擁有不同的關係的結果），現在我們要做的就只是不要繼續處於自動駕駛狀態，拿回方向盤而已。

　　喜歡有分非常多種，我們所討論的不限於戀愛跟激情的感受，因為要建立一個穩定關係的基礎，就必須要對這個人有混合的喜歡感，關係才會有續航力。很多人會問到底要喜歡跟我們互補的人還是相似的人，我會說兩種人都喜歡，兩種都有最好。通常我們跟異性相處都會包含這兩種（畢竟還是有性別意識，那就是一種相異性了），只是比例上有差別。如果相似度比例太高會變成朋友無法發展戀情，互補度太高關係則會像火柴一樣燒得猛烈也熄滅得快。

實際應用的工具

　　這章的主題是「引發感覺」，那我們身上有什麼樣的工具可以使用，來達成「引發感覺」這個目的呢？那就可以從我們與外界溝通的工具來切入——肢體語言、聲音訊息以及談話內容。如果各位讀者以前曾經有接觸過關於人際溝通的書籍，大概會知道其實「語言」的作用並沒有我們想像中那麼大，真正會影響溝通結果的，是在我們不會意識到的細節裡。其中肢體語言占了 55%，聲音訊息占了38%，而談話內容只占了 7% 的影響力。這三大層面又可以細分成：外貌呈現、肢體習慣、聲音訊息、肢體接觸、語

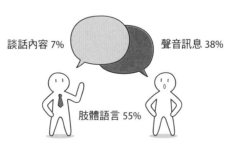

影響人際溝通結果的工具

言文字訊息、行為反應。接下來我們就來一一介紹這些引發感覺的工具吧。

" 外貌呈現：包含妝容、身上的味道、穿搭、身材、長相等

「從光著身體到整裝出門，這段時間發生了什麼事情？」

這是每一個人都需要問自己的問題。我有很多學生會認為自己是不漂亮的人，所以乾脆放棄或是逃避打扮自己，覺得自己再怎麼努力也比不上那些天生麗質的女生，那乾脆把重點放到增加內在上面。而我一看就知道是外表出了問題，並不是因為她們長得不夠漂亮，而是她們在面對呈現自己這件事情時，是「不敢」用心、不想面對的。

增加內涵沒什麼不對，選擇比較不亮眼的打扮方式也沒有問題。有問題的是「放棄與逃避」這件事，因為逃避與放棄代表你是因為走投無路、沒有選擇才這樣，而不是因為你有意識的「選擇」打扮得樸素。

重點永遠不是比不比得過外面那些美得誇張的女人，因為男人不會愛上離自己太遠的女人，如果男人真的都只愛美女，就不會有情人眼裡出西施這種事情發生，大家都去愛明星、校花就好。我們認真去看那些真的受優質男人歡迎的女人，其實都沒有漂亮到哪去，但她們都知道要怎麼把自己打扮得很合宜。

　　買什麼顏色的衣服、穿什麼樣的樣式，從光著身體到出門，中間一連串都是選擇。不論我們選擇怎麼打扮自己，都有一個潛意識訊息，就是「別人會看到」，而在這個前提之下我們所選擇的打扮結果就是具現化我們「被別人注意」這件事的態度。

　　如何對待自己的身體也是很重要的，因為身體就是自我的一部分。重點永遠不是穿什麼顏色的衣服、穿裙子還是褲子、是胖還是瘦，而是這些外在的元素呈現了你如何看待自己。「你如何看待自己」才是真正影響別人對妳的態度的主要原因，而打扮只是其中一環。

" 肢體習慣：固定的肢體呈現模式（臉部表情、眼神、笑容以及行動的各種非互動姿態）

　　我工作的場合就是我教課的教室，如果拿這個場域來做舉例的話，我們可以去想，「從一進門到坐下」這短短的時間之內，我們無意識的做了多少的決定？光是從按電鈴的方式，就可以開始讓人感覺你這個人了。

　　同樣是第一次來到一個陌生的地方，比較自我中心的人，按電鈴的按壓方式會只按一下，會按得相對大力，有一種確定感，而且會比較長，甚至長到讓應門的人可能會有點不爽、被打擾到的程度。因為自我中心的人，多半不會去注意到別人的感受，更希望是別人多注意自己。

　　反過來說，比較容易配合別人、沒自信的，按電鈴的方式就會按一次很輕而且很短，深怕打擾到別人一般。甚至有時候會讓應門的人不知道是不是有人按了電鈴（當然還是要看電鈴的類型，我們之前的教室電鈴就是會根據按壓力道而呈現不同大小聲的類型）。

　　性格浮動的人可能會按壓很短、很多下，個性有趣的

人也許會用電鈴打個節拍，性格穩定的人會拿捏剛好的力度跟長度、性格開朗的人可能按輕快的兩下……等。光是按個電鈴就開始讓人無意識的搜集關於你的資料了，是不是很可怕呢？（笑）

按完電鈴開門後，你走進來先做的事情是什麼？是很確定的走進來？還是怯生生的左顧右看？你的腳步是大力還是輕柔？開門的力道、速度是怎麼樣的？是穿著鞋子直接大喇喇的走進來也不問需不需要脫鞋，還是在玄關外就準備脫鞋了？看到室內的人，你會掃視現場嗎？還是低頭趕快做完自己該做的事？你會問現場的人該怎麼選擇座位？還是不管三七二十一找位置就先坐下？你選擇的位置會是有人旁邊的？還是角落的？

你坐下來之後會是什麼樣的坐姿？會慢慢坐下還是快速坐下？你會先拍拍椅子的塵埃嗎？你會跟主辦方要拖鞋穿嗎？你會跟旁邊的同學講話嗎？你會跟主辦人對話嗎？如果感覺熱或冷的話你會怎麼處理？忍耐嗎還是告訴主辦方？如果在活動中有人打電話來，你會接嗎？

這些微不足道的細節累積起來，只要需要用到肌肉

的，就能夠涵蓋在肢體習慣的範圍內（可能會與「行為反應」這個項目的定義有些重疊的地方）。除了你無意識的如何去做選擇之外，更重要的是你如何用身體去「執行」那個選擇。

" 聲音訊息：包含語速快慢、語調高低與變化、 停頓空白、字元長短、聲音輕重

聲音訊息也可以用肢體訊息的同樣概念理解，就是使用聲帶肌肉的習慣。你使用聲帶肌肉的習慣會影響你呈現的聲音訊息。

你講話是慢慢的？你需要時間思考要說什麼？還是講話速度快速？反應速度也快？你的語調是輕柔的？還是鏗鏘有力的？你的咬字是偏含糊的，還是字字分明的？你講一句話的時候，重音放在哪個字上？每個字的字尾是否會拖長音？等等。

我舉的這些形容只是滄海一粟，因為元素很多，組合當然也多，每個人給他人的聲音感覺都會是不同的。近年

來「聲優」這個職業漸漸的從幕後被注意到，甚至有些聲優可以說是與少女少男團體有同樣偶像級的魅力。我們在生活中會發現聲音影響一個人的感覺、形象也是甚鉅的。

" 肢體接觸：非實體接觸（眼神、存在感、氣場）和實體接觸（雙方身體部位的碰觸等互動姿態）

前面提到的肢體習慣，講的是「非互動」的情況下，我們的固定模式與一連串的選擇。而肢體接觸的部分，就牽扯到「互動」的狀況。在面對不同對象時，我們是用什麼方式跟別人接觸的？我們會不會去看別人的眼睛？還是會根據對象不同而有差異？眼神呢？會不會也因為對象的不同而有差異？眼神其實就是一種能量透過眼睛這個工具為傳遞載體的例子，眼神很難被具體化的表達，那就是能量。而所謂「氣場」就是能量透過我們的肢體習慣、肢體接觸等各種身體工具作為傳遞載體的具現化名詞。

我們會不會去觸碰正在跟我們交流的人的身體？我們會選擇哪個地方觸碰？當眼神交會的時候我們會停留幾

秒？等等這些包含非實體接觸與實體接觸細節也大大影響了我們的戀愛結果。

❝ 語言文字訊息：用字遣詞、語句前提、 表情符號利用

　　在言談間的用字遣詞也會影響別人對我們的看法，如果我們跟別人聊天的時候，用「貴庚」、「誠如 OO 所說」、「正是」等等詞彙，應該會被看成一個古板的怪人。不同的圈子、家庭背景、年紀等等，不論用什麼樣的分類方式，每一個族群的人都會有自己的用詞習慣。

　　這些用詞會讓別人開始「感覺」我們習慣處在什麼樣的人、事、物等環境裡面。除了用字之外，其實更重要的東西叫做「語句前提」，就是我說這句話建立在某一個前提上面，但這個前提並不會特別在內容中被提出。這個前提有幾種類型：

1. 詞彙本身帶有的前提

　　例如「天菜」，這個詞包含了「我覺得我高攀不上」、

「我對這個人產生了不切實際的幻想」等意義在內。

2. 語句本身的前提

例如「男人是不是都喜歡大胸部的女生？」這句話是一個很好的例子，因為這句話背後的前提比起這句話本身更具有影響力，當你聽到有人問出這句話，你就會知道這個人胸部應該不大，而且對自己沒自信。而且沒自信這個印象會遠遠蓋過這句話本身要討論的內容。

" 行為反應：受到刺激後產生的情緒、行為，包含肢體、聲音、文字的變化

前面提到的「肢體習慣」，會比較包含「固定模式」等還未受到刺激以前的無意識選擇。而「行為反應」則是我們受到外界刺激後會產生的不論是有意識還是無意識的選擇都包含在內。而這邊的刺激會比較定義成所有「預期外」的事件，不論是別人對你說的話、做的事、環境產生的變化、物產生的變化等等。

你會如何運用上述提到的這些工具，源自於你如何定

義自己的存在。你的存在會因為面對不同的族群而有所不同，我們在面對家人、同事上司、朋友、有感覺的對象、陌生人時，都會有不同的樣子，原因是我們在不同場合中，認為自己的存在價值、意義是不一樣的。

這也就是為什麼有些人可能明明人緣很好但戀愛運卻不佳的原因，因為面對「朋友」跟面對「想發展的對象」定義是不一樣的。若在面對「愛情」時認為自己是沒有資格獲得的、是沒有魅力的、或對於性張力有所排拒，我們在面對「想發展的對象」時，就容易呈現僵硬、畏縮、不自然的狀態。面對友情，我們可能不會認為自己沒資格，因此也就會造成人緣不錯但戀愛運不佳的結果。我們會呈現什麼樣子，都是因為我們對情況下了定義而相應而生的。

為什麼我們對陌生人會呈現出某個特定的樣子？為什麼在面對熟人的時候有另外一個樣子？我們如何界定陌生人與熟人？大部分的學生給我的答案是：

e.g.1 我們會認為陌生人是陌生的，是因為有很多「未知」的部分。

e.g.1 熟人有比較長的相處時間。

　　光從這兩點來看，就有很多地方很奇怪了。大家應該多少都有過，對於一個以前不認識的人，有「一見如故」的感覺吧？但以「事實」層面來說，我們對於這個「一見如故」的人，事實上與其他陌生人沒有不同，未知的部分是一樣多的，但我們卻能夠產生「好像是熟人」的感覺。所以造成我們面對陌生人的態度，真的是因為那個人本身是「陌生」的嗎？還是是因為我們先主觀認定對方是屬於「陌生」這塊，才讓自己變成面對陌生人的態度？

　　從第二點來看，有比較長相處時間的人，一定就會變成熟人嗎？工作場合中，應該有過很多，就算花了長時間相處，感覺也很陌生的人吧？那「時間」真的是造成我們面對熟人陌生人態度上不同的差異嗎？還是是因為我們主觀將對方界定成「熟人」的區域，才產生了安全感？進而對他能夠輕鬆的應對呢？

實際應用的方式

　　我們可以把戀愛這件事情想像成一個 RPG 遊戲，每個角色都有技能，這些技能分別屬於不同屬性，發動這些技能有不同的模式，我們可以分成背景發動、被動發動、主動發動這三種。背景發動是細節累積的威力，被動發動則是利用機會翻轉狀況的力矩，其中效果最弱的就是主動發動。大致上背景發動會優於被動發動，被動發動又會大大優於主動發動。

背景發動	>>=	被動發動	>>>	主動發動

背景發動：無意識狀態下呈現的自我

　　背景發動的內容主要是指所謂的「對象意識」，就是你散發出來的能量中有多少的性張力，是否能讓你接觸的人把你當成一個未來可能會發展關係（包括肉體關係）的

對象。

　前面提過，身體是具現化內在能量的一種工具，所以性張力這東西也是透過這些工具所呈現，可以提高也可以降低。由於背景發動就是直接啟動潛意識溝通模式，也因此它是最最基本、最有效果也最難修煉（因為是修煉到心態、觀念的內層）的一種發動模式，是你在無意識的狀態之下所呈現的自我。上一章提到的所有工具，只要是「無意識」的狀況之下做出來的，都涵蓋在背景發動的範圍內。

❝ 被動發動：受到刺激時所做出的反應

　被動發動的內容主要由「行為反應」來呈現，受到刺激的時候我們會做出最符合自身潛意識價值觀的反應，因此與人面對面時，很難偽裝或有意識的去呈現（但在通訊軟體上是可以的）。人們傾向於相信自己所發現的事，而不是對方刻意要讓我們感覺、發現的事，也就是為什麼被動發動比主動發動更有效果的原因。

e.g.1 哪種情況會讓你覺得這個人「真的」有很多人追求？

有個人主動跟你說「我其實還蠻多人追的」；另一個情況則是，你和對方見面的時候，發現有一堆男人傳訊息問她在幹嘛或是早安午安晚安，手機裡有一堆這種追求訊息。

前者是這個人有意識的想要傳達給你的資訊，後者是你發現的資訊。

e.g.2 哪種情況會讓你覺得這個人的控制欲不強？

可能你曾經抱怨過前任控制欲太強，對方想藉此強調自己不會，於是他可能主動說了「我不太會去限制對方不能跟誰見面，只要有提早跟我說就好」；跟你主動問對方對於控制欲這件事的看法，他才回答同樣的答案。

前者是有意圖的想讓對方知道自己與你的前任不同，後者則沒有此意圖，只是剛好在你主動想知道對方看法的時候才回答。前者是「主動發動」，後者是「被動發動」，後者的說服力顯然比較高一些。

" 主動發動：有意識的主動行為

　　大部分的戀愛技巧書都是在教「意識溝通」層次的主動發動，例如觸摸對方、玩自己的頭髮、請對方幫忙、用什麼眼神看對方、跟對方說某些台詞等。我們在戀愛中做錯的事很多也是屬於這層次，例如想要說服對方、盧對方、逼問。這種主動發動模式就算是正面的也容易使對方產生戒心，效果大多時候不會太好。

引起對方的三種感覺，讓他覺得你有魅力

不論你用什麼方式來引起對方的這三種感覺，對方都會喜歡你，但這種喜歡不見得是 100% 想發展愛情的喜歡。如果你的目標是想發展浪漫的感覺，雖然同樣是要引起這三種感覺，但會有更特定的，符合異性戀性別角色的切入角度跟目標，這我們後續會談到，現在先來談談比較基礎的方式。

一、安全感：讓對方覺得自己被喜歡

戀愛初級班會時常失敗的原因就在於害怕受傷，吝於表現對對方的好感。而且必須先確定對方對自己有好感，才敢展現自己的喜歡。這些人之所以還停留在初級班，就是因為當他們面對很欣賞的對象時，連自己的狀態都處理

不好，也無法超越自己怕被討厭的恐懼跟一定要被喜歡的慾望，才會把關係處理得很糟。

　　喜歡是一種廣泛的情感，我們可以喜歡朋友也可以喜歡動物、食物，所謂的「喜歡」不見得要是朋友的喜歡。而戀愛初級班常常會聽到「喜歡」就變得很緊張，忘記喜歡也有分很多種，因為對於愛情關係的得失心太重也沒自信，就會在面對喜歡的對象時，刻意隱藏自己的好感。

　　他們很可能會說出這樣的話：

e.g.1　「如果他不喜歡我怎麼辦？」

　　沒有怎麼辦，就是他「現在」不喜歡你啊。這個世界上沒有任何一個人不喜歡被別人喜歡，因為被喜歡的感覺就是一種最美的認同。只要這個喜歡是不帶有目的性的，都會讓人開心。

　　曾經有一個社會實驗，是在介紹男女認識之前，事先跟男性參與者說某個女性參與者對他有好感，結果是有事先表態喜歡的那位女性，最後被選擇機率大幅的提高。不論對方對你的喜歡是哪種喜歡，只要我們覺得自己是被喜

歡的，就會相對對那個引起我們愉悅感受的對象產生更有好感的感受。

有能力先表達喜歡，其實是一種主導關係的能力，對方會因為你開放的表達這種訊息而對你更有好感。會讓人反感的喜歡，是帶有強烈目的性、將決定自己是否有價值的這項工作交給對方的那種喜歡。有目的並不是什麼問題，畢竟我們對一個人產生浪漫的感受時，都會產生想要跟對方交往的感覺，有問題的是「如果對方拒絕我，我會受到很大的傷害」，這樣就會給對方很大的壓力。對於對方來說，這樣的想要並不是「想要」，而是「需要」。想要跟需要的差別在於，想要是「沒有不會怎樣，有了更開心」，例如想要 iPhone 手機、想要 Gucci 包包、想要跑車；需要則是「沒有會很難受，有了只會短暫開心」，例如食物、水、空氣、爸媽對孩子的陪伴。

e.g.2 「如果我讓他知道我喜歡他，我底牌不就被掀了嗎？
他會不會就看輕我？」

讓對方知道你喜歡他，跟底牌被掀這件事沒有必然關

係，但很多戀愛初級班會將這兩件事當成理所當然的因果關係。你會認為這樣就是底牌被掀的原因，在於你的模式是一旦喜歡上對方，就會被對方左右、牽著鼻子走，失去自我的自主權。但喜歡對方不見得一定會被對方牽著鼻子走，只要你不將自我價值決定在對方是否也喜歡你這件事情上。

當你的喜歡是需要，你的底牌才會被掀，因為沒得到會很痛苦；當你的喜歡是想要，就沒有底牌被掀的問題，因為沒得到也不會怎麼樣。也就是說，是你的心態早就已經只剩底牌，才會害怕被掀底牌。

e.g.3 「我怕我們連朋友都做不成」

這也是一個錯誤連結的因果關係，表白之後不見得不能做朋友，是否能做朋友的決定權在於表現喜歡的那一方，並不是被喜歡的那一方。只要表現喜歡的那一方可以在告白之後仍然保持自然輕鬆的方式相處，就沒有什麼連朋友都做不成的事情。會連朋友都做不成，都是因為戀愛初級班的喜歡是「需要」，才會因為發現對方現階段無法

回應自己，就導致連平常的相處都變得奇怪，讓情況變成朋友都沒辦法當的人是自己，不是對方。

想要變成有魅力的人、戀愛高手、有選擇權的人，一定得學會不害怕、先展現自己對對方的好感。展現方式有非常多種，非語言跟語言溝通都可以。因此，長相普通但習慣笑臉迎人的人，一定比長相好看卻習慣臭臉的人更受歡迎，因為「笑容」就是一種表達喜歡的方式（但不是早上看見同事客套的那種笑）。肢體語言呈現友善或性感的狀態、眼神放電、稱讚肯定對方、聲音呈現放鬆、對於對方給出的刺激給予容易感受到的愉快反應、直接表達好感，都是讓對方可以感受到被喜歡的方式。

" 二、無法預測感：讓對方覺得好奇

好奇的感覺可以輕易的讓對方把注意力放在跟你有關的事物上，並且產生一定程度的內部投資。很多我的學生會問說「要怎麼讓對方產生內部投資？」這個問題很難想出答案，但是如果將問題變成「要如何讓對方對自己感到

好奇？」答案就容易多了。

　　人活到成年之後，都會對生活跟人累積一定的經驗值跟日常判斷，每個人的生活經驗值中一定有一些共同點，例如面對凶神惡煞的人就會不由自主的防備，而對於這個人所散發出來的感覺，我們潛意識中也會預測，他的外表看起來是這樣，大概會有什麼樣的性格、興趣等等。如果這個看起來凶神惡煞的人養了很多動物，並且受到動物的親近跟喜愛，還會偶爾表現害羞的樣子，這就是我們「預測外」的事情。

　　雖然我們理性上知道人不會只有一個面向，但是當一個人展現出與他表面不同的事實或特質時，我們還是會感到驚訝，被這個人性格的立體性所吸引，產生覺得對方很有趣的感覺，進而想要更認識他，這就是所謂人的「以貌取人」的特性。

　　在動漫作品當中，作者在塑造人物角色時都會下點功夫，特別受歡迎、關注度、聲量討論度高的角色，通常性格都很有立體感（也就是所謂的正向反差感）。我們常說的「冷面笑將」就是一種立體的呈現，冷跟幽默看起來似

乎是有點難以並存的東西，但被呈現在一個個體上的時候就會很有趣；或是外表看起來明明很狂野卻很容易受感動的角色，也容易被觀眾喜愛。

　　每個人都是獨一無二的，我們在最好的朋友面前絕對不會是一個「正常人」，在好朋友面前我們都是充滿驚奇跟有趣度的瘋子，會說出讓朋友拍手大笑的話，使朋友笑瘋的自然反應。就算緊張也會直接承認自己緊張、就算丟臉也會直說丟臉，只要很放鬆，我們絕對都不是無聊且缺乏立體感的人。會在戀愛中被人覺得無趣、不知道要聊什麼，就是因為我們在這段關係中充滿恐懼，綁手綁腳而無法「做自己」。

　　因此如果要讓對方覺得好奇，除了透過各種方式建立自我角色的立體感之外，也可以透過了解人類以貌取人的特性跟預測，做出令人感到意外的事情、透露令人意外的事實與故事。

三、特別感：讓對方覺得自己有價值

　　喜歡是一種廣泛的情感，一個人可以同時喜歡很多人、事、物，但要產生戀愛的感覺還需要更強烈的安全感，那就是特殊性。「因為我對你來說很特別，所以不是任何人都能取代的。」特殊性可以是從我對你產生，也可以是從你對我產生。也就是說，我可以用任何方式讓你知道你的存在對我來說很特殊，我也可以用某些方法讓你認為我跟別人不一樣。

　　你不見得要直接跟對方說「你對我來說很特別」來讓對方感覺良好，回到前面講的意識溝通與潛意識溝通的層次，重點應該放在潛意識溝通而不是文字表面的意識溝通。我們可以透過找出對方身上值得欣賞的特質，或是讓他知道他做了什麼樣的事，對你產生什麼樣的影響力，向他分享你很私密的情報、表現你的脆弱面（如果你是外表看起來比較堅強的類型才比較有效果），來傳達他很特別這件事。

　　如果想要對方覺得你的存在很特別，你可以用別人不

會對他的方式對待他，這個比較困難（但還是有一些初級的技巧可以達成這個特別感，只是效果稍微薄弱一點），因為我們要先正確判斷對方平常是怎麼被對待的。

　　一般人如果沒有特別訓練自己對人的敏感度跟人際關係技巧，大部分都會「以貌取人」，這個以貌取人不是指單純的長相，而是整個人散發的感覺跟氣質。例如女強人通常會遇到怕她、不敢靠近她的異性，所以你只要表現出跟她平起平坐、不怕她而且敢對她做一些對普通女孩做的事，那對這個女強人來說你就可以輕易成為「特別的存在」。

　　想要發展戀愛關係有兩種方式，一種比較快速，一種比較緩慢。快速的方法是在有讓對方把你視為「戀愛對象」的情況下（使用背景發動技）去引發上面三種感覺。但是如果對方一開始沒有強烈的將你視為戀愛對象（但不能完全沒有，完全沒有是指，想到跟你有肌膚之親就會不舒服）的情況下，你可以透過符合對方對戀愛的期待模式互動，來引發對方的這三種感覺，使對方漸漸喜歡上你。

男人／女人
的慾望與恐懼不一樣

　　常有人說，你如果可以知道一個人真的想要什麼、害怕什麼（不是嘴巴上宣稱的），那你就能夠控制那個人，對他為所欲為。

　　前面提到，要讓別人覺得你是一個有魅力的人，必須要有能力引起他人的「安全感、無法預測感、特別感」這三種感覺。只要能成功引起這三種感覺，那麼別人就容易想要跟你有更進一步的認識、喜歡你。但這種喜歡不見得會跟戀愛產生強大的關聯性，若是要讓異性產生強烈的戀愛感，那就要用能夠引起對方的性別角色價值的角度切入。

　　大部分的人在戀愛中犯的錯誤，就是不了解異性看世界的方式，以己度人，因為自己是這樣的方式接收感覺，就用同樣的方式給予對方。

　　舉例來說，對於「愛」的定義男女就大不同，女人認

為愛就是犧牲奉獻，所以愛我就要排除萬難也要堅持在一起不分離，或是為了想繼續在一起，所以可以為了對方改變自己。而男人認為的愛是成全與尊重，所以愛你就是當我無法給予你所需要的，我就離開。

因為對愛的定義不一樣，造成了很多關係中的衝突，女人給的不是男人想要的，男人給的不是女人想要的。同樣的道理，當你給的是自己接受得到的方式，而不是對方接收得到的方式時，通常會以失敗收場。

" 「我可以成功」是男人感受安全感的方式
「我不會隨便被丟棄」是女人感受安全感的方式

以演化的角度來說，遠古時代男人（陽性特質）的工作是打獵，打獵有一定的危險性，也因此需要找出事情的正面角度，才不會過度害怕危險而空手而歸。打獵這件事也不需透過語言來溝通，整體來說，會重視行動、肢體語言大於口頭的言語。因為身為獵人，必須能夠享受打獵、追逐的樂趣，陽性特質重視榮耀感，也因此對於不需努力

就得到的東西特別排斥，因為憑空而來的東西無法證明自己的價值。

在判讀異性的好感度時，男人會容易把事情往正面的方向解讀，很容易覺得自己「有機會」，只要女生眼神中有好感、多摸了他幾下，他就會覺得「我可以成功」。又加上獵人有追逐的需求，若很直白的對男人說「我喜歡你」，同時又表現出真的很喜歡對方的行為舉止，反而會扼殺對方的興趣；但如果嘴巴上說「我喜歡你」，卻表現出好像可有可無的樣子，那麼並不會扼殺掉對方的興趣，因為男人更重視行為。

在網路上，也盛傳男人的人生三大錯覺：手機響了、她喜歡我、我能反殺＊。這個網路流行語反映了男人的特質，就是容易把事情解讀成對自己有利的方向。所以身為女性，先有了擁有性吸引力並且不隨便（不是隨便哪個男人都追得到）這個前提，只要再給予男人覺得自己「有機會」這樣的訊息就可以了。這個有機會，我會解釋成「展現縫隙」。在日文裡，有一個詞叫做「隙あり」，意思是「有機可趁」，我拿這個漢字來延伸到中文應用上，就是

＊ 我能反殺：電動用語，指在遊戲當中位居下風但有認為自己能夠反敗為勝的錯覺。

「有縫隙」的意思。而這包含在我們前面所說的引發的三大感覺內的「安全感」項目之中。

女人則相反，以生物學來說，女人要懷孕生子的代價太高了，所以需要一個對自己專一的男人，這個男人能對家庭與孩子投入，才能確定孩子能夠順利安全的成長。若這個男人顯示特質像是很不穩定、花心的樣子，也會讓女人無法把自己交給他。

也因此「表面上看起來」很愛玩的人其實都沒有想像中受歡迎，真正受歡迎的是「外表看起來好像」相對真誠且安定的，不管實際上他是不是真的是這樣。也因此女人族群裡面會出現許多「襯衫控」、「眼鏡控」、「西裝控」等等，這些能夠顯示出男人安定特質的物件。

在判讀異性好感時，女人的警覺性會高些，因此不會隨便把對方的肢體訊號當成喜歡。女人對於喜歡的定義也比較嚴苛，也瞭解男人想盡量播種的天性（對於男人來說，想跟你上床是喜歡、想跟你交往是喜歡、想跟你玩戀愛遊戲是喜歡、想跟你結婚也是喜歡。但對女人來說，必須是你想認真的跟我發展一對一的關係才叫做喜歡）。所

以女性會盡量搜集對方的好感訊號，越確定越明顯越好，有言語的肯定更佳。對於從來沒說過「我喜歡你」的男生，女生絕對不會輕易確定對方是喜歡自己的，因為如果沒有聽過這句話就認為對方喜歡自己，女生會覺得自己過度自戀。

女性甚至會給予一些刻意的測試跟考驗，因為想知道自己如果跟你發展，是不是會容易被拋棄，因此比起狂野類型的男性，女性對書生類型的男人更加傾心（如果兩種類型的男人戀愛等級差不多，一定是想接近書生型的女生更多）。越想定下來的女性，就算有喜歡的心情，也可能因為安全感（覺得自己還是有可能被拋棄）不夠而不選擇在一起。

在追求女性時，安全感跟心動感缺一不可，而每個女性接收安全感跟心動感的方式不一。從女生所鍾愛的偶像特質就可以知道，女生所崇拜的男星通常不是玩世不恭、長得超級帥的類型，而是有比較強的安定魅力加上幽默反差特質的男人。例如班尼狄克康拜區、孔劉＊等。

　＊孔劉：韓國知名演員，代表作有電影《屍速列車》，韓劇《鬼怪》等。

> ** 男人想要的不確定性在於「在有明確指引成功方法
> 或線索的前提下的遊戲難度」
> 女人想要的不確定性在於「在有安全設施前提下坐
> 雲霄飛車」

　　男人跟女人想要的不確定性長得也不太一樣，男人想要的不確定性，建立在「在知道自己是有成功／贏的可能性」的前提之下。男人喜歡玩遊戲，就是因為遊戲都有明確的系統跟規則，以及可以根據自己的程度調整難度，只要是在自己能接受的範圍內，遊戲越有挑戰性越好，死幾次都沒關係，只要他持有「我最後有機會可以成功」的信念，他就會持續玩下去。

　　有明確機制的遊戲吸引男人的地方在於，只要自己可以克服，他就知道自己贏了多少人，而且他能透過這個機制跟自己的成就獎盃，知道自己多厲害、多特別、有多少人能夠達成跟他一樣的程度。

　　很多女人會誤會，覺得如果我告訴他明確破關的方法，那不就都把底牌全掀了嗎？有明確的成功指引方法，

並不等於這個遊戲會很簡單，沒有明確的指引方法，也不等於這個遊戲會很困難。遊戲的難易度並不取決於規則明不明確，而是你所設定的規則是否可以輕易被達成。

女人很容易犯的兩個極端錯誤，一個是設下太多關卡，使男人屢屢受挫到覺得自己不可能成功，因而打退堂鼓，同時也對你的感覺變淡，因為在受挫的過程中，他們會覺得自己不被你肯定、欣賞。

另外一個極端是關卡太少，對於感情毫無原則可言（換句話說就是覺得「因為我喜歡你，所以什麼都可以」），他根本不知道自己是怎麼贏的，因為根本沒有規則，就像是參加一個全由裁判個人喜好跟心情來決定結果的比賽，沒有人會覺得贏得這個比賽的冠軍是一種驕傲，只會覺得自己占了某種可恥的便宜，這樣反而會讓男人覺得很害怕，甚至對你失去基本的尊重（但他不尊重你還是可以跟你上床）。

男人會認為沒有原則的女人是很隨便的女人，以比較政治不正確的說法，就是隨便就能敲開的鎖，也就會使男人覺得非常沒有安全感到厭惡的程度。

　　而女人想要的不確定感在於「確定自己是安全的情況下享受刺激」，也就是說以女人的角度來說，不管透過什麼方式，只要感覺到你是在乎她的，能夠讓她確信這件事就行了（就算這件事不是真的，只要她自認是真的就好）。

　　由於女人是聽覺的動物，就如同我剛剛說的，女人在很在乎對方「說」了什麼，有能力當玩咖的男人基本條件並非長得帥，而是一定要有能把死馬當活馬醫的一張嘴。你可能會問，那為什麼很多人卻淪落當工具人呢？都有做到讓女生覺得自己是絕對安全啊。沒有錯，但大部分會成為工具人的人，都是故障不會動的雲霄飛車。

❝ 男人想要的特別感在於「只有我做得到」
女人想要的特別感在於「只有我可以得到」

　　異性戀的世界是能量相對僵化的世界，在異性戀的世界裡想要得到幸福，就是當男人覺得在關係裡自己像是個陽剛的男人，而女人在關係裡覺得自己像是個陰柔的女人

才有辦法達成。也就是說，不管個性如何的男人都渴望覺得自己有用，不管個性如何的女人都渴望被寵愛。這並不是說男人不想要被寵愛，或是女人不想要覺得自己有用，而是那不是讓他們覺得幸福的關鍵成分。

　　人都希望自己是特別、獨一無二而且重要的，當男人覺得自己所提供的價值是不可被其他男人取代時，就會有非常高的滿足感，他們會覺得自己很棒、自己贏了，而且像個王者。而女人則是在自己得到的東西是其他女人得不到的時候會有極高的滿足感，她們會得自己很棒、自己贏了，而且像個幸福的小公主。

Special

我喜歡的男人是哪一款——
男人的等級與他們如何擇偶

　　我大致將男人分成戀愛初級班、中級班、高級班以及另外一類，對戀愛沒有特別強的慾望，共四種類型。要如何分類？有什麼特徵？他們如何看待異性？如何挑選異性？他們如何面對兩性相處呢？

　　男女等級的特徵基本上是差不多的，因此女生在這裡也可以參考下列特徵，了解自己的位置，但在第七章會更詳細的介紹女生的初級、中級、高級班的特色。

❝ 各種類型的特徵

戀愛初級班

· 對異性的了解不多，也不太懂得跟異性相處。

· 異性朋友不多也比較無法建立很深的關係（不論是愛情還是友情）。

- 面對喜歡的對象會有過度的得失心，也認為自己沒有選擇權（但在面對不喜歡的人時，可能就沒有這樣的狀態），因此在追求喜歡的對象時幾乎不會太順利。
- 異性緣也會比較不好一點，不容易被異性欣賞、產生戀愛的感覺。

戀愛中級班

- 對異性有基礎的了解，懂得跟異性相處，異性朋友也較多。
- 相對比較容易會被異性欣賞、產生戀愛的感覺，但這些人可能並不是中級班會很滿意的對象。
- 面對喜歡的對象在剛開始可能不會太有得失心，但一進入到比較深入的階段可能就會出現強烈得失心。
- 與喜歡的人順利與否很靠自己的狀態好壞。

戀愛高級班

- 對異性有深入了解，非常懂得跟異性相處。

- 同性跟異性朋友都很多，非常容易被異性欣賞、產生戀愛的感覺，其中不乏自己會滿意的對象。

- 面對喜歡的對象仍然會有得失心，但並不會因為得失心而影響自己對對方的態度跟表現。

- 可以把得失心與跟對方的相處分開看待，只要有喜歡的對象幾乎都可以手到擒來。

對戀愛沒有強烈慾望的人

- 這類型的人對透過戀愛來證明自己的價值這件事慾望不強，對異性不會非常深入了解，但大致上懂得跟異性相處。

- 雖然異性朋友並不會特別多，但容易被某種類型的異性欣賞。

- 面對喜歡的人不太會有得失心，因為對戀愛慾望比較弱，會採取比較隨緣的態度，也不會太執著。

- 他們交得到女友，雖然不會是交到最喜歡的，但他們既來之則安之，跟對象可以交往很久很久，比較不會遇到長

期關係的問題（因為對戀愛慾望不強，也比較不會被誘惑），因為不容易遇到長期關係的問題，女友的數量也不會多。

❝ 不同類型的擇偶面向

根據不同的類型，男性擇偶也大致分成五個面向：可接近性、給面子度、挑戰性、有趣度、情緒穩定度。這幾個面向都是男性所注重的部分，但每個面向的內容都會因為等級的不同而有所改變，而等級越低，在選擇越少的情況下，會去考慮的面向自然就比較少，在理解這幾個面向時也會從比較表層的方式去感受。等級越高，擇偶標準越高，考慮的面向就會越多，在考慮這幾個面向時，也會從比較裡層的方式去感受。

- 可接近性：大致上是指「出手成功率」
- 給面子度：是否溫柔、帶得出去、尊重
- 挑戰性：女生自身的原則標準、聰明才智、搶手程度
- 有趣度：相處是否輕鬆，女生反應是否好玩、有自己特

色、幽默感、出乎意料程度

· 情緒穩定度：面對挫折、刺激、壓力、痛苦時如何面對處
  理

以「可接近性」和「給面子度」為主軸的戀愛初級班

　　戀愛初級班能接受的可接近性，需要女生在外表上呈現
「親切、好親近」，笑容可掬。基本上如果女生有比較明顯
的防衛姿態，他們就會縮、會怕了。初級班需要女生在外表
上釋放相對較多的善意，不論這是不是女生刻意釋放的。中
級班、高級班也會比較容易注意到這類女性的存在，但並不
代表會引起他們更多的興趣。

　　換句話說，就是在這個遊戲中，初級班的人會把遊戲難
度調到「簡單」，遇到不「容易」的人，他們都會傾向跳
過，不論不容易是什麼造成的，也許是太漂亮、看起來很冷
淡難親近、太聰明等等。他們會比較受典型形象的女性吸
引，像是可以從外在表現明顯感覺到氣質、溫柔、體貼、可
愛、愛笑、容易取悅的女性。

他們會傾向避開「聰明的女生」，但這意思並不是他們喜歡笨蛋，而是喜歡「容易取悅的女生」，因為聰明的女生相對來說比較不容易取悅。

因為不了解異性，所以不論這個女生是否真的溫柔，只要外表看起來像是柔順、溫和的，他們才會比較有安全感。戀愛初級班在考慮給面子度這個面向時，也只會考慮外在表現，這個女生如果有太多自己的想法意見，那很可能就會認為自己可能無法掌握、控制對方，認為對方容易不給自己面子。

等級在戀愛初級班的原因大多是因為自我價值不足，因此這類型的男生比較會去批評女生的外表，也不會懂得欣賞不同的美感，因為他們的自我價值來自於別人、社會的肯定。他們在評斷「帶不帶得出去」這點，也會用自己評比女生的標準來看，也就是單純考慮「社會認可」的外表水準，不考慮待人處事方面的溫柔跟體面，更不會將這個對象是否懂得尊重自己當成面子的一部分。

也因此戀愛初級班很容易喜歡上外表漂亮，但個性可能

不是太好的女生。以現實層面來說喜歡是一回事,有沒有能力吸引到又是另外一回事。因此,戀愛初級班很容易不是因為交不到喜歡的女友而維持單身,就是會選擇一個自己沒那麼滿意的對象交往,然後交往後再來嫌。

而初級班通常也只會考慮可接近性和給面子度這兩個面向,至於挑戰性、有趣度、情緒穩定度則不在他們擇偶的考慮範圍裡面,因為他們的目標是「只要有交往對象就好」。

勇於挑戰自己的戀愛中級班

戀愛中級班需要的可接近性,比較不需要女生在外表上呈現「親切、好親近」才敢接近,因為他們的膽子會比初級班更大,但膽子大的原因並不是他們不怕,而是他們會去挑戰自己。但他們也不會去承受女生太多刻意給的篩選難題(例如很難聊、難搞、公主病等,除非這個女生真的非常漂亮),因此他們需要的可接近性,是在個性上好相處,自己開話題會主動接下去的女生,也就是說玩此遊戲時,他們會將難度調整成「普通」。他們會去挑戰相對來說比較沒那麼

好親近的對象，戀愛中級班會有一個很常使用的套路跟成功模式，但這樣的套路跟成功模式可能只能用在某種類型的異性身上。

　　戀愛中級班也會被典型外表的女性吸引，但最終大多不會選擇這樣的女生交往，因為擁有典型女性形象的女生，通常都是被社會性別角色期待束縛的，相處起來也不會太輕鬆好玩。他們在擇偶時會多加「挑戰性」跟「有趣度」這兩個濾網。初級班在擇偶時並不會考慮太多相處上有不有趣、輕鬆與否，因為只要符合「漂亮」、「帶出去有面子」這兩個就足以讓他們滿足（但他們大多是無法追求成功的）。

　　中級班在追求自己沒那麼有感覺的對象時會很順利，這個「順利」可能是指只要他想上床女生一定會配合的程度，也因此戀愛中級班就會希望女生要有一點挑戰性，不要那麼好掌握、那麼順利。一個毫無難度的遊戲並不好玩，在戀愛初級班時考慮的層面是自己是否會被拒絕的安全感，而到中級班時就會想要有更多不確定性，在安全感的層面會開始考慮女生「是否沒原則」這點，因為沒有原則，代表這個女生

只要「有感覺的對象」就能打破自己的原則，那以後交往，誰知道你能不能跟他度過艱難的時刻，不會因為感覺就背叛他了呢？

戀愛中級班所考慮的給面子度的問題，直接表現在他們在這個階段時「測試自己的戀愛實力到哪裡」（意指能夠交到條件多好的女朋友或自己多有魅力可以吸引、征服多少女人）的這個目標上，重點擺在「證明自己很行」。因此會挑戰比較有想法、冰山、非常漂亮的女生等。他們對於溫柔、尊重、帶不帶得出去的考量就在「條件這麼好的女生，在別人面前表現多喜歡我」這件事上。

戀愛中級班的自我價值感比起初級班的人來說稍微高些，所以在選擇女生的外貌標準上面也會去考慮整體氣質、綜合同儕價值觀跟自我喜好，不會像初級班那樣對女生的外表挑剔。

會考慮對象情緒穩定度的戀愛高級班

戀愛高級班因為對女性很了解，對可接近性的要求就只

需要「不用費太多力氣就接觸得到」的女性即可，並不需要女生表現得好親近。他們不需要好親近的原因並不在於想挑戰（因為這對他們來說不算是個挑戰，他們了解女生也是人，也喜歡被喜歡跟被欣賞。也瞭解那些看起來不好親近的女生不是因為人很難搞很會拒絕別人，是她們透過展現不好親近來保護容易受傷的自己），對於外表不好親近的女生也不存有「怕」的情緒，加上他們很會自然的製造相處的機會，也很懂得讓女生覺得舒服安心，基本上不管面對什麼對象，成功率都是非常高的。

在給面子度的部分，高級班比較會考慮的是與「情緒穩定度」有關的「溫柔」，而不是外表、個性是否溫順，是當這個女生面對壓力跟不順自己意的狀況時，是否還可以保有不讓別人難看、故意報復的尊重能力。而是否能做到這樣，取決於這個女生對自己有多少的安全感，戀愛高級班在解讀「溫柔」時，是用這樣的角度去看待的。

在「是否帶得出去」這點，也不是基於這個女生是否符合他人的審美標準，而是這個女生是否會看場合說話、穿衣

服，懂得應對進退。

　　有趣度的部分，則是比較看個人的喜好，有些人比較喜歡反應有趣的女生，有些人喜歡有幽默感的女生，但基本上戀愛高級班都會喜歡「忠於自我」的女性。但這個「忠於自我」並不是指我行我素、不考慮他人心情，而是對自己的存在有足夠的安全感，也有自我價值感的女人，這樣的女人自然而然就會有屬於自己的有趣跟好玩。但不論有趣的點在哪裡，最重要的是相處不要有壓力。

　　戀愛高級班是唯一一個會去考慮對象的情緒穩定度的等級，也是唯一不被同儕、社會標準的美感影響的族群，因此很多高級班的男人是有可能選擇跟外貌條件不是頂級出眾的女生交往的（但他們可以選擇頂級出眾的）。高級班因為戀愛經驗多，遇到長得漂亮但不會控制自己情緒、沒安全感的女性自然也多，他們就更重視女性在面對壓力、不順的狀況、挫折、痛苦時會如何自處，因為戀愛高級班的目標是找到一個「與自己對等」甚至是在某些情況還能帶領自己的個體。他們大多知道自己可以讓幾乎所有的女生喜歡自己，也

就更會去考慮在相處上更長遠的部分。

對戀愛沒有強烈慾望的男人

這個分類是一個特殊的分類，因為一個對戀愛沒有強烈慾望的男人，是有可能天生不會吸引女生注意或是天生很會吸引女生注意的。但不管是哪個，他們都不太在意，因為對戀愛沒有強烈慾望的男人，比較不會認為需要透過把到多少女人、條件多好的女人來證明自己。對戀愛沒有強烈慾望的男人，自我價值感相對是最高的，一個人修煉到戀愛高級班，也有可能最終就進入了這個分類，他不用再透過談戀愛填補自己內心的缺口，而是真正去學習關係的經營與愛。

對戀愛沒有強烈慾望的男人，可以說是內心相對健康的族群，所以他們容易維持一段很長久的關係，吸引也不會有什麼太大的問題（因為相對不執著的人吸引力也會高，是不見得需要懂女人心理就能做到的事），戀愛經驗當然也不會多到很誇張。

一個人不會從小就是戀愛高級班，因為需要藉由外界來

填補自己內心的空洞，才會是對愛情有強烈欲求的人，有欲求一定會有挫折，一定得經過修煉才能變成高級班。但一個人有可能從小就是對戀愛沒有強烈慾望的人，只是可能因為環境、天賦等等，容易讓很多女生喜歡，但也不會到像戀愛高級班吸引力如此強烈，因為他們不會花太多時間跟心力，集中在戀愛這件事上。

Chapter 4

背景發動：無意識的舉動最影響對方的感覺

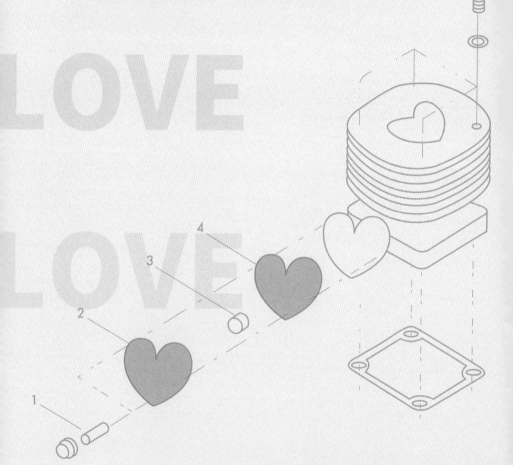

背景發動，就是「無意識的一舉一動跟表現」，這些無意識的舉動、習慣，都來自於我們對於事情的觀念，這些觀念都是來自於我們所接觸的環境，其中影響最深的，就是我們的家庭。我們也許不會繼承家業，卻會繼承家裡對事情的觀念，這些觀念很少會有人拿出來討論，因此我們也很容易覺得理所當然，覺得自己的想法跟別人應該是一樣的。然而，在觀念上只有一些細微的差距，就能使自己人生的結果有大幅度的不同。

什麼是「對象意識」？

　　你在面對異性的時候，通常是什麼「感受」（是感受，不是「想法」）？如果你在異性面前容易感到不安，覺得自己不會或不容易被異性喜歡，那表示你的對象意識是很薄弱的。對象意識的白話文就是**「我是否真心的認為自己會被異性當成談戀愛的潛在對象」**。

　　有些人不認為自己會被異性當成戀愛對象，就習慣以 100% 朋友的姿態在面對喜歡的異性，因為被當成朋友是你比較有安全感、有自信的那部分，而一旦轉成戀愛層面，你就要承受那個被拒絕的不確定性，也因此你在喜歡的異性面前也展現不出「女人」該有的樣子，只展現得出「人」（缺乏性「別」刺激）的樣子。

　　有些人習慣以 100% 工具人的姿態面對喜歡的異性，同樣是因為不相信自己「光是存在」這件事就可以被當成戀愛對象，所以要很努力、付出很多、證明自己的功能才能被喜歡。

對象意識越強烈的人，越不會受年紀、位階、角色的限制，因此情慾的流動率就高。一般人如果喜歡上自己的上司或是下屬，或是年紀跟自己差很多的人，都會因為自己的對象意識不足而覺得「這些東西是很大的障礙」。但是當你很容易被異性當成戀愛對象看待的時候，這些根本不足以被當成障礙，因為對方早就已經跨越這些東西對你產生性慾望了，而慾望與恐懼是人類行為最強的原動力。

所謂的戀愛對象，就是在建立「有性慾望」的基礎下往上發展的關係，所以可以說對象意識就是「性意識」。只想發生關係是單純的性慾望，在現代一夫一妻制、自由戀愛的社會中，想要一起建立家庭也必須要有性慾望。以前我們可以因為家族的利益而接受政治聯姻，或是為了生活而接受功能性的婚姻，但現在不同，我們大可選擇單身也不會餓死。

性是生命的緣起，也就是我們對「性」與「『性』別角色」的接受度有多高。

你可以問自己下列這些問題：

1. 對於性愛這件事，或當別人開放的談論到這件事情時，你心裡有什麼感受？

2. 對於成為他人眼中的「性客體」（別人會對你產生性幻想、性衝動）這件事，你心裡有什麼感受？

3. 對於男性「總是想著性」這件事，你有什麼感受？

4. 你是否喜歡、欣賞自己的裸體？呈現自己裸體時，你內心的感受是什麼？

5. 你是否有羨慕過當異性真好、下輩子想變成異性的想法？

6. 你是否平靜接受身為女性的好處跟壞處？還是對身為女性的壞處跟好處都是有情緒的？

7. 你是否有能力將身為女性的劣勢轉為優勢？

8. 你是否對在男權社會中身為女性這件事情感到憤怒？是否對男性感到憤怒？

9. 你是否能看見身為較弱勢族群的既得利益？以及既得利益者（男性）的無奈與痛苦？

如果你在前面四題答案都有接近「排斥」的感覺，那

表示你的對象意識是不足而且有待加強的，性本來就是一件跟食慾一樣自然的事情，你對性這件事的排斥，自然會影響男人對你的慾望強弱，但這不代表你要大聲討論性愛，或是成為一個穿著清涼的女人。重點是你內心是否有排斥的感覺，不排斥、喜歡性不代表自己就要表現得很開放，含蓄的害羞也是一種非排斥的表現方式。

當我們對性的接納程度越高，也就是說面對性的議題「恥」感越低，越容易展現出「性感」的姿態，因為不排斥自己被異性當成性慾望的客體。至於「羞」倒是比較沒有差別，因為接納程度高並不一定在外顯形式上就比較大刺刺或開放，因為「羞」有時候是因為對性擁有的高度享受，才會對外界產生的感受。我們越喜歡自己的身體，也就更容易下意識去觸摸自己的身體，展現開放、女人味、陰柔自信的肢體語言狀態。

從第 5 題開始，則是可以看出你是否喜歡、接納自己的性別。如果我們排斥自己的性別，就會將專注力放在自己得到的不公平待遇上，並且把這件事情當成是異性存在的錯，我們會一邊羨慕著異性，同時痛恨異性跟自己的性

別。

　　一個真正喜歡自己存在的人，不管是不是異性戀，都會呈現出性感的感覺，因為他接納自己如此存在、樣貌、身體、他的氣質給自己的所有東西，並且會化危機為轉機，懂得把弱勢化為優勢，知道自己手上有什麼牌，去思考該怎麼打，不是一直去想別人是不是拿了同花順，而是能將自己存在的所有資源用得淋漓盡致。如果他擁有同時陰陽的氣質，長得不男不女，他也會接納自己長得不男不女，並且利用這個長得不男不女的特質，讓它變成一種男女通吃的魅力，不論性向如何。有強大魅力的人不會吃碗裡看碗外，也不會將自己的遭遇怪罪於他人身上。

　　每個男人心中都有一個開關，不論你年紀如何、長相客觀來說是否真的很正、身材是否真的很好，只要瞭解要怎麼去按下男人心中欲與情的開關，每個人都可以被視為長期發展對象。

　　男人的愛情是以「欲」為基礎，有了欲才會有情。

　　打開欲的開關的關鍵，可以分成兩個層面：外顯與內在形式的層面。

外顯形式：穿著的選擇、肢體語言與聲音。

內在形式：對「性」與「自己的身體」的恥感程度。

外顯形式如何展現，會完全被內在形式影響，若你對性與自己的身體有很強的羞恥感，那麼你對穿著的選擇、肢體語言與聲音都會下意識展現「去性別」的狀態。例如講話故意特別 man、搞笑，不敢在穿著上展現曲線，肢體語言呈現自我保護的狀態等等。一個人要呈現性感、女人味，內在層面有幾個先決條件：對性的接納度以及是否喜歡自己的身體。

而有些人很容易讓男人產生欲，但僅止於欲，卻無法讓男人產生情。很多人誤以為要讓男人產生情，是要抹煞掉欲的元素，但完全不是如此，男人要有欲才有情，所以絕對不能犧牲欲的部分。

最讓男人欲罷不能的，是有性感的感覺，卻不等於隨便。最好的例子就是安潔莉納裘莉 *，她舉手投足充滿性感的味道，卻一點都不讓人感覺隨便，是「有質感的性感氣質」，而且這種不隨便的氣質根本不需言語去為自己解釋、辯護或大聲宣告。

---

* 安潔莉納裘莉：Angelina Jolie，知名美國演員，代表作有電影《古墓奇兵》、《史密斯任務》等。

那隨便與性感差別在哪呢？在於心性的穩定程度，可以說是存於自己內心的自我價值延伸出來的待人處事原則。雖然性感的女人不排斥男人將自己視為性慾望的客體，也知道幾乎所有男人都會對自己產生欲望，但這不代表她需要接受自己不喜歡的對待，而且也不會因為不喜歡的人對自己的攻擊讓內心產生動搖。

她知道自己可以拒絕，這拒絕並不是指對方做出了失禮的事情才表示不喜歡，而是能夠細微的去過濾真正能夠尊重自己的對象。雖然不排斥被當成性客體，但她不見得要對所有人的慾望都有所回應，甚至知道怎麼做能讓那些會讓自己不舒服的人在開始動作之前就知難而退。

而這些技巧都在於好好的使用肢體語言，以及擁有足夠的自我價值，才會懂得自己不需要去討好所有人、也不用怕任何人不喜歡自己。

另外一個引起男人情的元素叫做「低需求感」，低需求感其實跟知道自己也有權利拒絕是同一個源頭，也是來自足夠的自我價值感。當你身為一個女人的價值不需要由男人的認可來提供時，你就不會想要去討好別人，也不會

覺得自己需要對方的注意、愛來填補自己心中的洞。

當你不需要被自己喜歡的對象認同時（不需要不等於不想要），你就容易忠於自我，展現自己最真實的一面。有選擇權的男人對於女人脆弱、柔軟的真實面可說是欲罷不能，也是男人會深深愛上一個女人的關鍵，而這個可以安心的把脆弱、柔軟的真實面不帶任何恐懼展現在自己在乎的人面前的這個特質，更是使男人感到尊敬，因為這是男人無法輕易做到的事。但再度強調，把脆弱、柔軟展現出來，並不等於你需要男人去處理、安撫你的這一面，如果是因為想要對方有所回應，那就是需求跟勒索，而不是單純的展現了。

當你是低需求的人時，更容易散發出快樂、知足的頻率，他才會覺得自己有機會成為增加你人生價值的存在。而男人在覺得自己可以「提供些什麼」時，才會覺得自己像個男人，而他只有在覺得自己像個男人的時候，才會為一個女人瘋狂。

可能很多女人這時會問：「可是當我自己過得很好的時候，男人卻會覺得我不需要男人耶？」的確，這很容易

成為誤區，但大部分的人誤解了一件事，就是「不需要不等於不想要」，當一個女人自己過得很好卻會讓男人覺得「她不需要男人」時，其實她在傳達的訊息並不是「我過得很好但我歡迎男人進入我的生命」，而是「我讓自己過得很好，是因為我不要再受傷，或我正在掩飾自己的脆弱」。前者是一個「我過得很好但我不介意多一個名牌包包」的感覺，後者則是「我過得很好，我才不需要靠名牌包包來增加我的價值！」多了「排斥、害怕自己的價值被名牌包所定義」的感覺。

再用另外一種方式比喻讓大家更了解的話，就是前者是「我不用王子來拯救我，但是如果王子需要我表現出需要被拯救的姿態才能覺得自己好棒棒的話，我也不介意」，而後者是「我他媽的才不需要王子來拯救我！什麼大男人、英雄主義的心態啊真是無聊至極！」

後者其實是一個從恐懼出發，但用多采多姿的生活來包裝的心理狀態，基本上是把自己放在一個「自己會被男人傷害」的弱勢姿態，並沒有把自己視為跟男人一樣有情緒影響力的個體。男人對需求感都很敏感的，即使你外表

包裝得再好，他們也嗅得出你的恐懼，他們也許講不出到底是怎麼回事，也說不出「我覺得她需求感很強」，甚至會說「我覺得她完全不需要男人」，但結果同樣是他們就是覺得哪邊不對，無法對你產生強烈的感覺。

當你並不是需要男人，而是想要男人到你的生命中時，那麼無論對方表現多或是少，對你來說都是一種加分，他覺得為你增添人生價值這件事很有成就感。但如果你是需要男人，或是明明需要卻包裝成自己不需要甚至排斥，就會暗中產生很多特殊又很高的期望，當對方無法完成時，你就會很失望，對方也屢屢受挫，覺得無法對你的人生增添任何價值，而產生極大的壓力。

所以一旦男人感覺到你隱隱約約性感的氣質，又感覺到你並不是一個隨便或是需求感很強的女生，那感覺可以是一瞬間的，也可以是長時間慢慢展現的，只要他們同時嗅到這樣的味道，我保證，不論你外在條件是否美好，都能讓他立刻把你視為長久交往、想要結婚的對象。

對象意識的傳遞工具：接觸

對象意識，可以說是性意識，就只是一個概念，概念要被感覺到，必須透過有形的工具來傳達。而這個工具就是我們的身體。前面提到，關係就是人與人之間的能量交流，當能量體彼此是有距離的時候，比較難以交換訊息跟情感。

所以我們不可能在不跟戀人見面的情況下談一場真實有情感基礎的戀愛，也不可能透過通訊軟體建立起真實的感情。即使有建立起來，也是建築在對彼此的想像跟幻想上，而不是真實的自我。也因此，「接觸」就是把距離拉得很近，讓能量交流的一種方式。

接觸有很多種，肢體的碰觸是最顯而易見的接觸，眼神的接觸是一種接觸，聲音的接觸也是一種接觸。如果要形容得誇張一點的話，這三種接觸就是最好的春藥。也就是說，要讓一個人愛上你，就必須有這三種接觸的存在，要讓任何人愛上你，就要精通這三種接觸的藝術。

" 眼神和表情的接觸──放電

看自己：喜歡自己的身體是件很性感的事

說到眼神，我們可能會直接聯想到我們是怎麼看別人的，但常常會忽略的東西是，我們怎麼「看自己」。

你用眼睛看自己的身體時，內心產生的是什麼感覺？是厭惡想逃避？還是欣賞喜歡？怎麼看待自己的身體，也會轉換成一種潛意識溝通的訊息，傳遞到別人的感覺系統裡。你如何「與自己接觸」也是一個非常大的環節，對象意識不只在互動中呈現，在非互動中也可以呈現。

一個有極強性吸引力的人，肯定是非常愉悅看待並且喜歡自己的身體的，而且最常見的性挑逗肢體語言中，有一種就是先看自己的身體後，會產生一種「這是一道佳餚」的內心潛台詞，再用一種邀請的眼神看對方。

看自己的身體，並不代表一定是看有特別「性」意味的部位，而是你如何看待自己的身體與存在，不論是看哪個部位，或是你正在做什麼事。

當你在把意識的焦點轉移到「自己的身體」上面的時

候，你是用什麼樣的態度跟心情在面對的？眼睛不管是看到哪個部位，都會稍微欣賞一下，那就是一種極致的性感。這也可以直接解釋，為什麼「自信」就是性感的原因，換句話說，「喜歡自己的身體」就是性感。

看對方：我允許你走進我的世界裡

當我們想到「對別人放電」這件事情的時候，可能都會想到電影或 MV 裡面那些極致嫵媚的眼神，但事實上在現實生活中要讓異性「被電到」，其實並不需要到那麼誇張的表現。當然電流也有強弱，MV 電影那種就是電流極強的狀態，可以透過螢幕電死好幾百萬人，然後成為願意為這個明星花大錢支持的忠實粉絲。但如果你的目標不是要電死幾百萬人，而只是要電到一個人，那麼最簡單的方式就是「把對方看進眼裡」。

說來好像很玄，什麼叫做「把對方看進眼裡」？我們平常不是就在看嗎？意思是說我平常都沒有把對方看進眼裡？是的，我們平常就只是「看」，一個物理學的發生，我看到一個東西，那個東西出現在我的視線裡，但是那並

沒有帶有情感的底蘊。我們平常走在路上，的確是看到很多東西、很多人，但我們幾乎沒有把人看進眼裡，都在忙著想自己的事或是忙著害怕被別人傷害。

我在高價值女人養成班課堂上請學員練習放電的時候，很多人會誤以為真的可以電到人的眼神是要刻意搔首弄姿，是在「表現」或「表演」。但很多學員無法得到男助教好的評價，就是因為她們都在「索取」或「害怕」，索求、乞討男助教的高分、希望自己被喜歡，而「表現」跟「表演」就是一種索取。或是害怕被評價、害怕自己不被喜歡而面部僵硬、勉強給對方一個客套的微笑，或走路不自然等等。

無法電到人是因為我們都在討，而不是在給。練習到最後成功的狀態，是可以把「自己」給放下，然後真正把對方看進自己的眼底，給予欣賞、給予害羞、給予「我允許你存在我的世界裡」的訊息。那可能只是一瞬間的事情，但那一瞬間男助教們都能深深感受到那個感覺，不論是正面感覺還是負面感覺。

66 聲音的接觸 —— 通電

聲音的接觸比起眼神接觸更虛無縹緲一點，因為你無法確定，這個聲音想傳達的訊息是不是衝著你來的。然而，聲音的訊息占溝通的比重比我們想像中要多更多。

我記得我有聽過史嘉蕾喬韓森 * 上過一個廣播節目，她用很性感的聲音念了聖經，在聆聽的過程中我完全沒記住內容，只記得那撩人的聲音；我在臉書上面看過一則湯姆希德斯頓 * 也是上電台的影片，他也是用令人耳朵懷孕的聲音唸著圓周率與數學邏輯，讓數學頓時變得吸引人多了。

「耳朵懷孕」這個形容，就能夠顯示聲音如同春藥一般的強大。而聲音當然有很多不同的質感，可以傳遞不同的訊息。這些東西包含著聲調高低、語速快慢、字元長短、停頓、音質、尾音呈現方式等等，聲音可以有性感、有知性、有可愛、有氣勢、有氣質、有 Man、有親切、有無情……聲音也可以傳達各式各樣的訊息，一樣就看我們懂不懂得如何使用它。

* 史嘉蕾喬韓森：Scarlett Johansson，美國知名演員，代表作為電影《復仇者聯盟》，飾演黑寡婦。
* 湯姆希德斯頓：Thomas Hiddleston，英國知名演員，代表作為電影《復仇者聯盟》，飾演邪神洛基。

舉例來說，我平常跟學生講話，跟我男朋友講話的聲音是不一樣的，跟亞瑟（工作室合夥人）講話的時候也不一樣，跟我的狗講話的時候也不一樣。光是我平常用的聲音，就有好幾種不同的類型，不管有沒有意識到，我們其實都會無意識的讓聲音產生變化。現在我們要學的，就只是有意識的去學習聲音的變化而已。但這方面我並不是專家，學聲音最主要練習方式還是多聽多模仿。

肢體的接觸──觸電

觸摸自己：達成內在與外在的協調

呼應前面眼神接觸「看自己」的部分，「摸自己」也是一個不可被忽略的環節。

喜歡自己身體的人會經常性的觸摸自己的身體（緊張的人也會，但是那是一種不同的狀態，摸的方式也會不一樣），但你的摸法到底會不會傳達正確的訊息，重點都不在鑽研摸的技巧跟方式，而是你內心面對自己身體時最真實的情緒跟狀態。

就像前面幾章提到的，如果你的內在跟外在的狀態不一致，反而是在打架，就算你表面上好像都做對了，還是會散發出一種不協調、很刻意的感覺。

觸摸對方：提升瞬間的好感度

肢體的接觸，是最顯而易見的接觸，一個懂得適當肢體接觸的人，都很知道要怎麼短時間內拉近跟別人的距離與熟悉感。在與不認識的人肢體接觸的那一秒，可以瞬間提升你們兩個的關係跟好感值，不論是男還是女。

因為肢體接觸就是一種能量的接通，比起眼神、聲音的接觸更實在，因為我們可以很確定那個動作就是對著我們做的，那是一種很踏實的，被接納跟喜歡的一種潛意識溝通，但這意思並不是肢體接觸就比眼神、聲音接觸來得更有效，而是各有各的功能，同時也缺一不可。

而對於不喜歡的人，我們也會盡量的去避免跟對方有直接的能量交流，例如我們會避開眼神接觸、避開跟對方說話、避開面對著對方，總之就是避開與這個人的「接觸」。

觸碰哪裡可以產生「戀愛」的感覺呢？當然首先在做任何的技能發動前，我一再強調你要有足夠的背景發動技「對象意識」，男人用撩人的方式碰其他男人都有可能打起來了，可見建立對象意識有多重要。要能產生戀愛感覺的觸碰有兩個重點：

1. 慢。

2. 觸碰「脆弱的部位」。

脆弱指的是，如果這個地方受傷，會比較容易失血過多而死的部位：手臂手腕內側、脖子、大腿接近膝蓋的內側、手心等。

我們可以透過各種聲音元素的操作來呈現自己想要的感覺，當然觸碰也可以，不同的觸碰方式例如力道強弱、時間的分配、動作的不同（滑、點、捏、抓、溜、壓、按、彈、擺、拍、打……等），都可以去創造自己想要的觸摸感覺。

容我再強調一次，最重要的還是先要去調整自己內心的狀態，清楚自己是否有恐懼，是否對象意識不足等等這

些問題。因為當心態對了，這些東西都可以自然而然做對，而不需要去做大量的分析。因為眼睛、身體、聲音這些東西充其量不過是傳達能量的一個載體、一個「工具」，工具本身怎麼擺、怎麼用並不是重點，重點是用的人。

　　記得，放電不論是眼神、聲音還是肢體，都可以是「一瞬間」就完成的事，因為有電所以只需要偶爾、一瞬間即可，不需要太長時間，當然有能力可以讓自己長時間有電那更好，但這對於普遍的戀愛需求來說是沒有一定必要性的。如果還是覺得這樣的敘述很模糊，畢竟這是一本書，文字能闡述的有限，你可以做這些事：

1. 選五個你覺得非常有魅力的男星／女星，大量的看他們作品或被採訪、上節目的影片。

2. 觀察他們平時的肢體、聲音、眼神習慣，並且寫下來。尤其不要忘記看自己、摸自己的部分喔！

3. 比較這五個人不同的肢體習慣，有哪些共通點，有哪些相異點。共通點就是他們有強烈魅力的原因，相異點就是他們散發不同個人氣質的原因。

4. 錄下你平常在不同場合作息的樣子（最好錄一段時間，最好忘記有在錄影這件事，請朋友錄也可以），然後一樣觀察你自己平時的肢體、聲音、眼神習慣。

5. 自己平時的習慣，哪些是沒有魅力的，哪些是有魅力的？去回想沒有魅力的背後，自己當時的狀態如何？情緒如何？思維模式如何？有魅力的時候，自己的狀態如何？情緒如何？思維模式如何？

Chapter 5

被動發動：反應與回應
決定你的樣子

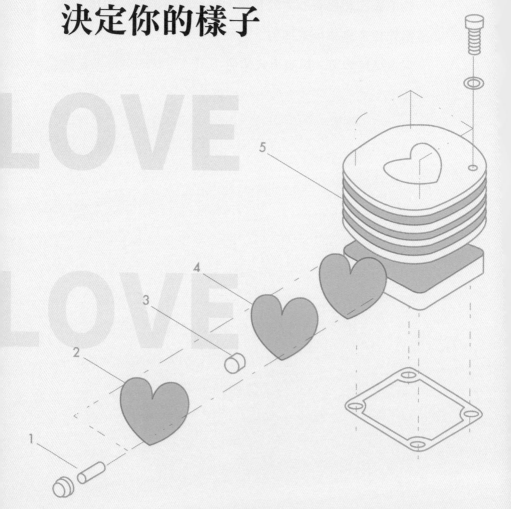

被動發動的效果，僅次於背景發動。我們可以將背景發動理解成「不間斷的無意識訊息」，它隨時隨地都在散發，接收的人也是透過時間的相處在慢慢的觀察、感覺。它並不是可以一瞬間讓別人對你改觀的東西，它屬於潛移默化，就像是科技慢慢變遷，我們生活在其中都不會有特別被衝擊到的感覺，只有當我們有一天回想起五年、十年前的光景時，才會驚覺有很大的不同。

　　而被動發動則是比較有撼動力的一種發動方式，我們可以理解成「受到刺激時的價值展現」。人只有在受到巨大壓力、遇到危機、遇到挫折、衝突的時候，才會顯現出一個人的品格。面對突如其來的刺激，那是無法準備好的狀況，在這時候的表現，就會決定一個人的「芯」（或「根」）到底長什麼樣子。

創造「高價值」的感覺

　　想要創造「高價值」的感覺，最主要的發動模式會是「被動發動」，也就是你在受到外來刺激時的當下反應，或是你面對壓力時的回應方式。

　　因為人更傾向相信「自己發現的事」，如果是你主動發動，那麼他們內心就會對你的動機存疑，但如果你的主動發動，並不是包含想要創造「高價值」的感覺這個目的時，可能就會有創造高價值的效果。例如：在剛認識別人時，先主動釋出好感，這就是一種高價值的展現，因為你不懼怕被拒絕、也不等待別人主動先示好、並且你在傳達的訊息是「我知道我的好感會使你開心」，表示你認為自己的好感是有價值的。

　　當我們想到「高價值」時，會認為這個人是有選擇權的、有性吸引力的、擁有情緒穩定度、人格的多元性、相處有趣好玩、不會給人壓力的，而這些都來自於我們對自己的「自我價值感」。

覺得自己是一個有價值的人時，我們會去做讓別人開心的事，但不會去討好別人；覺得自己是一個有價值的人時，我們不會去看輕別人，因為我們也知道自己是不完美的，並且接納自己的不完美。

我們的潛意識其實都知道這些事情，所以我們不喜歡過於自卑或是過於驕傲的人。我們對這樣的特質產生「反感」的這個結果，就是潛意識知道這並不是真正的高價值的最佳證明。

也因此，在跟別人相處上，不論對方意識上知不知道這樣的邏輯、瞭不瞭解這本書前面所說的內容，他潛意識所了解的，都會反映在他跟你相處的感覺上面。只要不符合對象意識，就會產生「沒感覺」的結果，不論他知不知道對象意識這個東西。只要不符合高價值，就不會產生很強烈的吸引，不論他知不知道高價值這個概念。

高價值在沒有刺激或是壓力的普通情況下比較難以明顯的展現，也因此有些人可能會有很強的對象意識，性吸引力也很強，但面對刺激跟壓力時卻會馬上顯示出低價值，讓人頓時胃口盡失。

你可能會想，那些低價值但是外表很好的人，還是很多人喜歡啊？的確，他們還是會有很多人喜歡，但是那些喜歡他的人，他有喜歡嗎？你有喜歡嗎？大部分的可能你也看不上眼吧？這樣有什麼好羨慕的嗎？如果是一堆你根本不想接觸的人喜歡你，那只是徒增困擾，並不會讓自己變得更有自信。

我對於「受歡迎」的定義比較嚴格，自己不喜歡的人喜歡自己，不算受歡迎，只有自己會欣賞、喜歡的人喜歡自己，那才叫做受歡迎。

當我們面對不喜歡的人的時候會比較吸引人的原因，是在面對沒那麼喜歡的人面前，我們的自我定位比起面對喜歡的人還高，我們也不會將沒那麼喜歡的人投出來的行為舉止當成刺激或壓力。

我們沒那麼喜歡的對象通常魅力值不會那麼高，魅力不高的原因就在於自我價值感不足，也就容易討好、也容易對外表符合自己需求的對象，產生相對強烈的幻想跟投射，也就容易幫符合自己理想對象形象的人找理由。意思就是說，就算不小心在比較不喜歡的人面前遇到刺激跟壓

力，並且展現了低價值的反應，對方也會視而不見或是替我們找理由。

我們喜歡的對象通常是魅力比較高的對象，而魅力較高的原因就在於自我價值感「相對」足夠，也就比較不容易去討好、刻意展現，不容易對形象符合自己需求的對象產生強烈的幻想跟投射，更懂得去客觀觀察對方到底有多少的價值。

也就是說，**「價值感」會因為面對的對象、面對的情況而有所變動**，一個人的自我價值感如果長期處於低落，或是起伏很大，都會造成痛苦。所以我們就會面臨一種狀況：當你心裡下了一個「我不要再理他了」這個決定時，對方可能又會想要一直靠近你，但當你因為對方又很想靠近而收回了這個決定，對方就又想逃了。

原因就在於，當你決定「不再理他」時，你把賦予給他的權力給暫時收回了，你不再讓他左右你的快樂、你決定不讓他的存在與否影響你生活的品質與自我價值。所以當你遇到這個狀況，可能就會很無奈，覺得是不是愛情就是「不愛的人才占上風」，而對愛情感到失望。

但這個「暫時收回」的決定是不穩定的，因為你只有在不表現關愛、時間和注意力不投注在對方身上的時候，才做得到不讓對方左右你的快樂，或是因為他的存在影響你的生活品質與自我價值。

但如果想要一段幸福而且穩定的關係，就必須做到，即使表現關愛、把時間跟注意力都投注在對方身上，你也能自己滿足自己的快樂、生活品質、自我價值。也就是說，高價值的人，不會因為愛了人就覺得自己沒有對方會變得很痛苦，他們不會把「跟對方在一起」與自己的自我價值綁在一起。

反應跟回應是無法假裝的，因為那是一個自動化的迴路，會直接反映我們的自我定位與價值觀。我們唯一能夠稍微假裝的東西只有「主動發動」的這個模式，背景發動、被動發動都無法透過假裝或是表面做到來矇騙過關，所以我才一直強調改變觀念跟心態是最最最最重要的東西。

在吸引中，通常會遇到的刺激跟壓力有兩種，一種是因為對方引起的，一種不是因為對方引起的。如果是對方

引起的，通常會有以下這些原因引發我們的壓力：**對方做出看似不喜歡我們的舉動**，例如不理、批評、戲弄、對方不主動、關係卡住等等。以及**對方做出我們不喜歡、不尊重我們的行為舉止**，跟面對我們預期之外所發生的事，例如期望落空、對方反應不如我們預期、對方產生負面反應等等。

　　如果不是因為對方引起的，就會是我們在跟對方相處時，其他事情引起的刺激與壓力，例如．可能約會行程很不順利、太累，遇到（你主觀認為）機車的店員、自己出糗、周遭遇到緊急事件等。但這種事就是可遇不可求，不一定在跟對方相處的時候會遇到。

　　雖然不見得會遇到壓力跟刺激，但請記得，你喜歡的對象一定會觀察你平時如何應對週遭的人事物，價值越高的對象越會去觀察，**你所面對的不只是對方而已，還有你身處的環境、周遭的他人等。**

如何應對
對方所引起的刺激與壓力

當對方做出可以解讀成「不喜歡」的舉動時

高價值的人，知道自己是有魅力的，因此當有人做出看似不喜歡自己的舉動，他們並不會將這件事視為一種挫折，也不會馬上把這個舉動視為一種惡意。

事情在被確認之前，我們都可以自由的用我們想要的方式去解讀，而大部分的人在投出刺激的時候，通常都不是特別有什麼很清楚的意圖的，也因此，你反應的方式會大大影響到他接下來這個剛萌發的意圖的走向。

拿最近我們的學生阿蓮發生的一個清明節實例來舉例好了。阿蓮最近在跟喜歡的人聊天，連續不間斷聊了五天，然後第五天被對方已讀了，那個已讀如果被解讀成「變得沒興趣」的已讀也不奇怪。

阿蓮來上課時的問題是，她是一個很ㄍㄧㄥ的女生，

很容易被男人認為「很無聊」，因為她敢展現的面向太單一了，雖然她很漂亮很有氣質，是男人第一眼會喜歡的型，但她喜歡的男生都很容易對她沒興趣。

但她本身內在性格並不是真的像她表現的那樣，她其實也有脾氣，就像我們每一個人一樣，都有多元的面向。只是她不敢展現出來，因為小時候的經驗，她怕如果展現真實的自己會被討厭，久而久之，就忘記怎麼展現自己真實的樣子了。但她其實就是那種，罵了髒話反而會加分的類型。而這個狀況可能以前已經發生過好多好多次了，對方突然冷掉就再也熱不回來的狀況。

阿蓮問亞瑟該怎麼辦，亞瑟就說：「那不然你問他清明節要不要一起去掃墓啊！」阿蓮很吃驚，覺得真的可以這樣問嗎？亞瑟回答她：「反正頂多就再被已讀一次啊，你還能損失什麼？」

於是阿蓮真的就問了他清明節要不要一起去掃墓，那個男生說：「怎麼可能一起去掃墓啊？」阿蓮就回他：「當然不可能一起去掃墓啊！但你以後敢再已讀我你試試看。」然後他們就又熱了起來了。

這就是一個高價值的回應方式，一個用幽默化解這個危機，並且回應方式是在對方的預期之外。這樣的方式，反而讓本來有壓力的狀況變得沒有壓力。

　　如果你胸部真的不大，但對方說「我覺得女生至少要有 D 以上」；或你並不是可愛型的女生，對方說「我覺得女孩子還是可愛一點比較好」這種話。也許對方只是在說自己的想法，並不是有意要否定你，或是只是在嘴炮。

　　面對這種情形，如果你可以用幽默或自嘲的方式回應，那對方就會瞬間幫你加很多分，而且覺得跟你相處很好玩，也同時覺得你對自己很有安全感、有自信，然後被你吸引。

　　我們常常會以為所謂的有自信，是當別人批評我們的時候，生氣的大罵回去、酸回去，或是故意忽略不看自己的缺點，假裝缺點不存在。但這並不是有自信，就像我前面說的，「對自己有安全感」才是一個比較貼切的說法。

　　一個對自己有安全感的人，面對刺激跟壓力時，不會用同樣的層次跟這個狀況對幹，而是會將自己提高到另一個層次，把原本在這個層次會看到的「問題」變成「有趣

的狀況」，這就是化危機為轉機。層次高的人看得到轉機，低層次的人只看得到危機。這就是高價值與低價值的差別。

" 當對方做出你不喜歡、不尊重你的行為時

高價值的人，不會因為自己喜歡某一個人就折損自己的自我價值，也不會去妥協自己該有的對待。他們會表達自己的感覺跟不喜歡的點，但這並不是想要改變對方，而是給對方一個機會證明自己是懂得尊重別人的人。前面阿蓮的例子，就同時包含了前述兩點的狀況，這樣的回應方式非常好。因為已讀也是阿蓮不喜歡的行為，她也明確表達了自己不喜歡被對方已讀這件事。

我們永遠無法控制別人要對我們做什麼，我們能控制的，是自己回應這些行為的方式。而回應方式就會影響別人下次決定該怎麼對我們。所以高價值的人永遠不會遇到渣男渣女，因為一旦對方出現渣的行為跟徵兆，他就會選擇表達不喜歡的感覺，如果對方還是持續讓自己感到不被

尊重，高價值的人就會選擇離開，而不是幫對方找藉口或是為了交換對方的肯定跟喜歡而委屈自己。

如果我們會因為「喜歡」對方，而忍受自己不喜歡的狀況跟行為，就表示你的自我價值感是低落的，也許你會發現他對你不好的方式，是父母以前對你的方式。因為與父母的狀況類似，你會想證明自己即使面對相似的人與狀況，也是可以得到愛的。而自我價值的這個議題，必須追溯到個人的歷史軌跡、童年家庭經歷等，這並不是本書的重點，所以就不講太多。

高價值的人在面對別人做出自己不喜歡的行為時，不會馬上把這件事解讀成「針對自己」，他們會知道孰能無過，也許根本不知道這件事情會對別人造成負面的影響。所以他們在表達不喜歡這件事情的時候，也不會有很大的憤怒，而是可以很清楚堅定但不會給對方難看的方式告訴對方，自己不喜歡被這樣對待。他也會讓對方知道，因為自己已經表達過了，如果再次發生，那就能解讀成故意跟不在意，就真的不必往來了（不是用說的，是用表達的態度來傳達，千萬不要直接說「下次再這樣就不用繼續

了！」）。

" 對方有不如我們預期的反應時

高價值的人並不是都不會犯錯，或是都不會引起別人的不開心，雖然發生的比較少，但也不是所有事情都在自己的掌握之中。

造成一個人是否高價值的決勝點在於，做出引起別人負面感受的作為時，怎麼去處理跟面對。也因此，當對方有不如預期的反應時，高價值的人不會馬上將這件事情解讀成是自己的錯。雖然不見得是自己的錯，但有可能是因為自己造成的，但就算是自己的錯，也不會因此產生愧疚跟失去對方的恐懼。

不會產生愧疚的原因是因為他願意為自己的行為負起全責，誠心道歉，也願意承擔這個行為舉止帶來對於關係的影響。

會對自己的作為產生愧疚感的人，都是因為認為「自己本來不應該這樣的」才會產生愧疚感，也就是對自己有

一個「應該是一個不會犯錯的人」的期待，並且會希望「這件事情沒有發生過」。

內心會有愧疚感的人，一方面不敢直接面對自己的錯誤，一方面又想要彌補討好，會把很多能量放在跟自己打架上面，其實根本沒有關注到對方的需求。他們關注的，是希望自己想要被原諒跟想要維繫關係的需求，不然就是面子上的需求，關注自己面子上的需求的人會不承認錯，反而把錯都推到對方身上。

高價值的人了解並接納自己是一個會犯錯的人，也知道自己無法讓每一個人時時刻刻都開心，而一旦不開心發生，他們也不會逃避責任。高價值的人雖然也會對事情有期待，但不會對這個期待太過於執著。

也就是說，當對方反應不如我們預期，高價值的人會先觀察，看到底是怎麼回事，然後直接跟對方確認對方會有這個反應的原因是什麼，並去思考要怎麼做才可以使對方的感覺感到好一點，如果真的不知道該怎麼做，也會詢問對方。

如果今天自己說了一句好像把關係搞砸的話，非高價

值的人會馬上考慮到的事情是「我想要的東西得不到了」（對方不會喜歡我了、沒辦法交往了等等），但高價值的人考慮到的是對方不開心的心情，他們的著眼點不會是「怎麼樣才可以讓關係起死回生」，而是「怎麼樣才可以讓對方感覺好一點」，關係有沒有起死回生，對他們來說並不是最重要的事。他們了解，所有人都不喜歡跟任何人交惡。從這邊也可以看出，戀愛初級班的愛情只有自己存在、只考慮自己的這個盲點。

" 如何應對非對方所引起的刺激與壓力

如果不是對方直接引起的刺激與壓力，那其實就跟背景、被動發動的道理一樣，得靠自己平時的修養跟價值觀來自然呈現，這是很難刻意去控制跟假裝的。因為我們跟環境、他人互動的樣子，每個細節對方其實也都看在眼裡。能刻意去做的只有幾點，就是少表現一點怨天尤人、受害者的姿態，那種「都是 they 的錯」的負面情緒。

但如果因為太想要表現完美而過於ㄍㄧㄥ住自己的

話，反而會讓自己變得很無趣、平面，對方也會因此而失去興趣。

　　我們能做的，就只有透過一次次的相處，透過跟人相處的摩擦，去慢慢學習跟調整自己需要面對的課題。所以我會建議這個部分，就是要放手讓自己去碰撞，如果我們不讓自己去碰撞，只想透過假裝來掩蓋，反而會一直無法往前進。

Chapter 6

主動發動：
讓對方更在意你

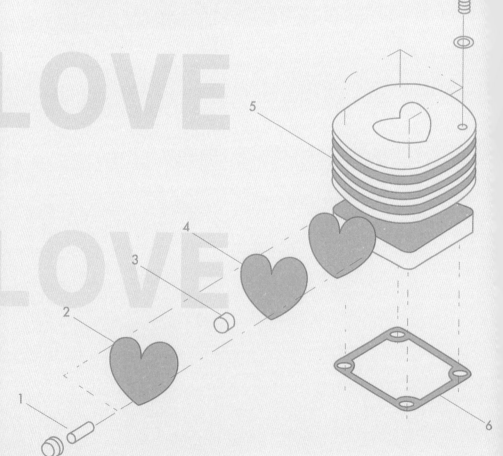

主動發動的效果是最弱的，因為主動發動可以藉由準備、假裝來完成，也是比較會引起他人防衛機制的一種方式。同時也是容易「內外在不協調」反而使狀況更糟的發動模式。一般我們在講的「戀愛心機」或「技巧」通常屬於這類。也因此，在發動此類技能時，要盡量做到「不著痕跡」、「自然」才會有比較良好的效果。

　　雖然效果也會取決於你所面對的對象的等級到哪邊，但就像武功一樣，越高強的招數不可能對低等的怪沒有用一樣，當然是能練到越不會引起對方防衛機制的程度越好。

讓對方更在意你

　　主動發動的主旨在於「引發對方對你的投資」，也就是說，要透過你主動做、刻意做的事情，讓對方花更多時間想更多關於你的事，進而更加在意你。

　　還是要提醒大家，雖然主動發動是可以「刻意」去做的，但它還是需要一定程度的背景發動、被動發動的正確展示來支撐你主動發動的效果。前面幾章介紹這三種發動模式的時候，我有談到主動發動的效果會是最小的，它頂多只能當作輔助，一種「加分」的工具。

　　如果要比喻的話，主動發動有點像是歌唱比賽的加分題，你要基本有過關才有得到加分題的機會，連基本門檻都沒過，就連加分的權利都拿不到。因此，沒有背景跟被動發動的支撐，主動發動的效果非常有限。

　　也就是說，當你的對象意識不足，不管做了再怎麼樣高明的主動發動技，也非常有可能完全沒有效果，甚至產生反效果。當你遇到刺激跟壓力時，不斷展現低價值，那

你再怎麼主動發動也只會讓對方覺得很恐怖。而如果你目前無法解決低價值的部分，那就是無勝於有，盡量不要想加分，不要扣分就很好了。

這也就是為什麼會出現你喜歡的人做什麼都好，不喜歡的人做什麼都噁心的現象。跟長相無關，而是在做同樣的事情背後，是什麼動機跟理由？是在交換還是在給予？不論男女，這些都會影響到你是真好還是吃草。

那要如何引發對方的投資呢？也就是引起前面提到的**三大感覺：安全感、不確定感跟特別的感覺**。我們平時所說的曖昧、調情，幾乎可以被歸類為這類的發動模式，因為那是需要有刻意的目的、意圖跟安排才會去做的事情。

雖然要引起這三大感覺，但是很多時候會一不小心因為自己得失心太重而用錯方式，給對方太大的壓力，這時候就算有很高的安全感跟特別感，整段關係也會變得很沈重。

也就是說，當我們想要讓關係往前進，就必須秉持著讓關係變得「好玩」、「輕鬆」、「刺激」的心態去做，因為人的天性就是喜歡玩耍，沒有人喜歡有壓力的東西，

當這個東西是好玩有趣的時候，才會想要更了解、更接近、更認真的去對待它。

　　曖昧調情之所以可以讓人興奮，就是因為被有興趣的人喜歡、欣賞，這件事情可以說是一種最高自我肯定的形式。除了被肯定之外，那種不確定感也是讓生活精彩起來的原因之一，也就是說，調情是一種以安全感當基底、以不確定感當主要味道、以特別感當作香料的一道菜。

　　要會調情就得有能力站上可以「玩」對方的位置上（這也是穩住的一種），並不是要你去欺騙對方，但是一種可以將相處當成一種好玩的遊戲，輕鬆但投入的心態。調情就是要有將事情「變好玩」的能力，不論是面對什麼事，都可以有處變不驚，找到有趣之處的能力，換句話說，可以說是面對人生的彈性。

　　你可能會問，不是應該要當有原則的女人嗎？當個女人的確該有原則，但是有原則不代表你要把不符合原則的事情，看得很嚴重或是很影響你的情緒。

　　很多人在情場上會不順利，就是把「固執刻板嚴肅」錯當成「真心」，錯把「把事情看淡」當成「負心無

情」。我們以為「遊戲人生」等於用輕浮的態度在面對他人，但想想看，我們真正在玩遊戲的時候，無論是打麻將、還是打電動、玩桌遊、運動比賽，自己在做這些好玩的事情的時候，真的是用輕浮的態度在玩遊戲嗎？還是很認真的在享受當下、用盡心思、全力以赴的在玩這個遊戲？不管結果是輸還是贏，是否都覺得好玩呢？所以同樣的道理，也該用這樣的態度面對感情，我們時常在感情中都太過於在意結果。

要記得，關係的本質是「人類對人類」。

不要把事情看得太嚴重，玩遊戲輸了，不會對你的人生有任何的損失，有可能因為輸了會有點不甘心，更努力去研究遊戲怎麼玩，而玩遊戲容易贏的人，肯定是不會把輸贏看得太重要，當你把輸贏看得太重要時，得失心太重就是開始狂輸的起點。

這個道理不論是在吸引還是維持關係都適用，挽回當然也是，大部分的人挽回會失敗就是把失去對方這件事看得太嚴重，又失去了「玩」的本能。雖然說長期關係的議題會牽扯到更重大的人生決定，但不論是婚姻還是生子，

如果我們連這樣壓力大的事情也有能力讓它「變得好玩有趣」，那麼誰會不想跟你共度一生呢？

有能力讓事情變得有趣、輕鬆的人傳達出了「我有能力去轉化人生的苦難」的價值與訊息，多麼讓人覺得穩定有力量！能讓人在你身邊容易感覺到安心甚至是依賴。在維持關係時，這樣的能力也更容易化解爭吵，促進溝通。

有人說喜劇的背後是悲劇，那些偉大的美式單口相聲喜劇演員最厲害的地方就在於，他們用最容易入耳的方式傳達他們自身的影響力與價值觀。

最廣為人知且最經典的莫過於喬治卡林 * 了，大家可以去搜尋他的秀，讓人在大笑的同時，重新翻轉自己人生的思維與價值觀。如果看過他的段子，相信你可以深刻感受到，輕鬆的同時也可以非常認真、有深度且智慧，那跟輕浮兩個字可沾不了半點關係。

把愛情（人生）當成一場你最喜歡玩的一場遊戲，好好享受其中，才能在每一個艱難的時刻，用最不傷害彼此的方式化解掉危機。

當你「會玩」了，才知道要怎麼去做變化、去嘗試、

* 喬治卡林：George Carlin，美國知名獨角喜劇表演者。以其特有的黑色幽默，以及他個人在政治，語言，心理學，宗教及諸多禁忌主題的觀點而聞名。

去玩出屬於自己的一片天。當你「會玩」了，別人就想要更接近你，渴望跟你一起玩這個人生的遊戲，因為當別人都將人生跟愛情看做苦難時，只有你知道怎麼享受。

不管是愛情還是其他領域，能夠達到登峰造極境界的人，都學會了用最認真的態度去「玩」，丟掉得失心去享受最純粹做那件事的當下，就是調情。

調情的基礎公式：推拉法

推，就是「看似」把對方推開，展現好像沒有意思、拒絕的行為舉止跟訊號，也就是紅燈訊號。拉，就是「看似」把對方拉近自己，展現好像有意思、接納、喜歡的行為舉止跟訊號，也就是綠燈訊號。而如果不推也不拉，沒有特別想讓關係往前或往後的訊號，就是黃燈訊號。

調情要好玩，就在於推跟拉，在一段「有感時間」區間之內要有所平衡。

什麼是「有感時間」呢？根據不同的相處模式，有感時間是不同的。例如當一個人說「最近」這個詞彙，那有可能是最近三個月內發生的事情，他認為是最近；也有可能是說一個禮拜內發生的事情叫做最近，而三個月已經算是「很久以前」了。這跟每個人如何定義詞彙跟每個人感覺的「有感時間」的感受不同。

如果你們每天聊 LINE，從白天聊到晚上幾乎沒休息，或是天天見面，那你們相處的有感時間可能就是「三

天」，因為相處很密集。如果你們是一個禮拜聊個一兩次，或一週見一次面，那一週可能就是你們的「有感時間」。

也就是說，**有感時間就是一段可以累積「最近」的相處感覺的時間。**有時候當你在跟一個人相處的時候，你會感覺到你們感情變好了，或是對方變得更喜歡你更想親近你，或反過來你們疏遠了，或是對方變得不太想靠近。不論是不是愛情，你可能都需要一點時間來蒐集互動證據，以感覺這個變化。如果你們很常接觸，那這個時間可能就偏短，如果你們沒那麼常接觸，這個時間可能偏長。

在這個「有感時間」之內，你的推拉必須是平衡的，如果推是負分，拉是正分，那就是在這段有感時間之內你的兩個分數加起來要趨近於零。當然，這只是一個概念，人跟人之間相處的東西很難數值化，但為了方便讀者理解，只能這樣比喻。推拉法有很多層面可以去討論：

1. 彼此對推拉「幅度」的定義

A 是一個不愛用 LINE 聊天的人，那對他來說，每句都回覆這件事情，可能就是一個 5 分的拉。

B 是一個很愛用 LINE 聊天的人，那對他來說，每句都回覆的這件事，可能只能算是一個 1 分的拉。

2. 對方所做的推拉「幅度」的正確推斷

我們通常會用自己怎麼對別人來判斷別人如何對自己應該是什麼樣的意圖跟情緒。例如，如果你覺得已讀不回是一件很沒有禮貌的事，你對任何人、無論喜不喜歡，都不會已讀不回，就算敷衍，也至少都會回個貼圖，所以你可能就會把已讀不回當成一個很嚴重的事。當你遇到一個把 LINE 當作留言板，把已讀當作「閱」的人，你可能就會很崩潰，覺得這個人一定討厭你，但是他可能根本沒有其他意思，就只是他不覺得有必要什麼都回而已。

因此要做到正確的判斷，必須先瞭解對方的「行為基準線」。就是知道對方平時的習慣，才能知道他對你的態度是否偏離平時的習慣，偏離幅度越高，才能顯示對方推或拉的程度也越高。當然大多時候還是可以以「常識」作為判斷基準，但要記得這世界上的人有百百種，你認為的常識不見得能夠適用在對方身上。

3. 你所做的推拉，對方如何理解這樣的幅度

　　A 是一個看起來很有距離感的人，當 A 主動私訊別人時，別人可能會感覺這是一個 5 分的拉，因為大部分的人對 A 的第一印象是「如果不感興趣，就絕對懶得去做任何事的人」。但是有可能 A 的性格跟他的外表是有落差的，所以如果他其實不在乎別人怎麼看待他或是誠實面對自己，那他可能就會因為這樣的「反差感」，引發別人誤會而受到歡迎。

　　但是當 A 已讀不回時，別人可能會感覺這是一個 2 分的推。因為依照對 A 的第一印象，已讀不回好像對他來說是個常態。

　　B 是一個看起來沒什麼距離感的人，那當 B 主動私訊別人時，別人感覺可能是一個頂多 2 分的拉，因為可能大部分的人對 B 的第一印象是「對任何人都很熱情」。但有可能 B 對於私下接觸這件事情是很有自己的原則的，同樣是忠於自己的感覺跟做法。那麼和 A 比起來，B 的狀況就會比較不吃香，因為大家都覺得你應該對誰都是這樣吧，我應該不怎麼特別。

所以 B 已讀不回時，別人可能會感覺這是一個 5 分的推。因為依照對 B 的第一印象，已讀不回應該不是常態，因此如果發生，應該是蠻嚴重的。

事情有分大小，對於一個非常不懂得讚美別人、習慣批評的人來說，要說出對一般人來說很微小的讚美，可能需要非常巨大的勇氣，所以說出這個讚美，對他來說就是一個超級大的拉。如果你是這個人，你可能會以為自己已經投出了 10 分的拉，但是別人感覺到的可能只有 1 分，如果這個人是你面對的對象，他明明已經投出 10 分的拉，你卻以為對方只投了 1 分，這樣的誤判，都會使得這段關係不了了之。

調情可以算是一種藝術，真的不是一件可以一天兩天學會的事情，就跟幽默感一樣，需要長時間累積自己的敏感度。你也必須至少做到這本書一開始提到的五大重點的前面三點，才能做到最基本的調情，才不會怕東怕西把事情看得太嚴肅。這也說明了，你一定要了解自己在別人眼中客觀是什麼樣子，才能判斷自己做什麼事情是有效的，做什麼事是沒有效果的。

除了投出訊息，還要確保自己投出別人會確實接收的「正確」訊息。假設你有投出正確的訊息，當你在一段有感時間內給出了一個 3 分的拉，那這段有感時間你就要補上接近 3 分的推。當然也可以用組合技：

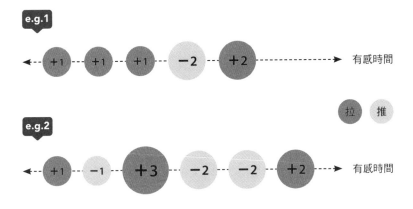

以此類推。

很多人花太多時間在羨慕別人手中的牌，甚至拼命搓牌希望牌會變一張跟別人一樣的，浪費太多精力在根本沒用的事情上。如果能夠把能量用在好好的去了解自己手上有的牌，該怎麼打，用什麼策略，那才會增加自己的勝率，才會對自己更有幫助。

建立對方的安全感──
讓對方覺得有機會可以接近你

技法一：刷存在感

刷存在感，是一種很微細但很有影響力的潛意識溝通，它是沒有什麼風險而且效益非常大的一種技法。因為人都對「熟悉」的東西有安全感，不論我們是不是真的熟悉，只要有「熟悉的感覺」即可。

如果我們每天都看到某個品牌的廣告，下意識就會信任這個品牌，覺得這個品牌是個很常見的大品牌，所以也比較有信心覺得買它會沒什麼問題。而當我們內心對一個對象有信任感時，也同樣會比較有勇氣跟意願去建立關係，就像當人要購買產品時，會比較有意願、花更多錢去買更常見的大品牌一樣。

當我們很常看到對方，等於擁有越多關於對方的資訊，可以更知道跟對方用什麼方式建立連結，聊什麼話

題、邀約對方做什麼事等。資訊越多，我們會覺得自己更有機會提高跟這個人親近的可能性。

刷存在感的意思就是很常出現在對方的視線範圍內，或是對方很常聽到別人提起你這個人等等。這適用於兩人可能還根本不認識，或是不熟（現代常常會有這種朋友，可能加了臉書但是不知道見到面該不該打招呼）的關係。

如果每天都在學校、公司見到同一個人，然後每次見面都有一點點彼此交換好感的訊號，那這個好感慢慢累積起來就會變成你們開口認識彼此的勇氣，尤其男人如果瞬間被電到，會因為一時衝動（這個一時衝動，就是突然自信大增，覺得這個女人應該喜歡我）就什麼都不管，拋開面子去跟你講話了，即使他心裡很緊張。

當然，刷存在感也有可能是刷負面的，我們要刷正面的存在感。但如果不小心刷了負面的存在感，這也可以算是一種籌碼，只是心理素質比較強的人才能夠使用。因為愛的反面不是恨，是沒有感覺，有感覺總比沒有感覺好。

只要把對方認為負面的那個元素給消除掉，就能夠把原本不喜歡的能量全轉成喜歡，因為能量是很容易可以被

轉換的，由愛容易生恨的原因就在這裡，只要把愛的原因抽掉就會變成恨。

反過來說也是可行的，把恨的原因抽掉就會變成愛。例如原本對方覺得你討厭他（也許你的肢體語言呈現出讓別人有這樣的感覺），所以他也沒有很喜歡你，只要你讓他知道其實你並不是討厭他，反而是因為遇到他很緊張所以不知道怎麼辦，這就抽掉了原本負面的原因。

用身體（肢體語言）來刷存在感的刷法：

我最推薦的就是這個刷法，因為這樣才能確保對方是在跟你互動，而且會直接建立真實的關係基礎。

使用肢體語言刷存在感沒有什麼太多的技巧，就是很常出現在對方的視線範圍內，並且至少有最低基礎的友善互動，例如四目交接加上微笑、簡單的交談、打招呼等。記得不要隱藏自己對對方的好感或是任何東西，這樣才能使對方連續對你留下良好的印象。

把握每一次「相遇」所累積的些微好感，透過你的非語言溝通來告訴對方「我很歡迎你來認識我」這樣的訊

息。我不會寫出太多需要注意的細節，就像前面說的，我並不鼓勵大家用這種由外在模仿的技法下手，因為如果有內外在打架的狀況，還是容易失敗。

找到卡住自己的關鍵核心觀念，才能讓自己可以自然做出所有元素，而且是用自己獨有的方式做出正面感覺，這才是解決之道。因為如果談戀愛你都要有劇本才演得下去，怎麼可能準備一年365天的劇本，24小時隨時監控自己的一舉一動跟身體的各種元素呢？那根本是不可能辦到的事情。

這適用於同公司不同部門的同事、同棟大樓常一起搭電梯的人、常見固定的送貨員、樓下便利商店的店員、學校常見的某個學長姐弟妹、鄰居等，可以常常面對面遇見的對象。

以我的個人經驗，就算完全不認識，如果女生懂得釋放綠燈訊號跟好感，大概碰面五次以內可以使對方很想跟你交流並鼓起勇氣來跟你說話。男生的話就不在此限，三次以上有基礎的眼神交流跟友善的表情就能上前去跟對方說話了，只要對方很常看到你，會有一定的熟悉感，就不

會排斥你跟她談話，除非你有變態的氣質。

　　你可以把握以下的原則來進行：

1. **每次見到對方，跟對方四目交接＋微笑（第一次可以只有四目交接不用微笑），做三次之後，可以加一點害羞在笑容裡面（不論男女都可以這麼做）。**

2. **每一次見到對方，都刻意離對方的身體距離再比上次靠近一點點（每次一點點就好）。**

3. **然後開始嘗試做一些沒有直接想認識目的的互動：**

　　例如如果坐同一班電梯，他在你後面進來的話，你可以主動問他「到幾樓？」或如果對方先進去，你可以跟他說「七樓」，然後等他按了之後，給他一個微笑說謝謝。

　　如果對方是店員，你可以說「上禮拜怎麼沒看到你？」如果你每次都點一樣的東西可以說「我今天也要一樣的」（在你們已經四目交接過好幾次的前提下），如果對方是客人，每次都點一樣的，就可以比他早先說出他要點的東西。

　　記得，要懂得利用過去的資訊、周遭環境與狀況，不要學戀愛教戰書裡給什麼台詞，不符合你遇到的狀況你還

硬要講，除非你外在的魅力很高，不然這樣就會讓人有很強的防衛意識，因為一點都不自然。我們要製造的東西叫做「邂逅」，而不是「硬上的搭訕」。

邂逅與硬上的搭訕差別在於，會讓人有硬上搭訕的感覺，是你心裡太想要執行某一個特定的方式或講一句特定的台詞或是想要創造一個特定的狀況，反而忽略了你跟對方互動中可以抓住的真正機會；邂逅則是放輕鬆，做引發機會出現的小動作，不預設機會會長什麼樣子，等它出現再抓住，而不是不管怎麼樣一定要抓住。

4. 在上述的互動中，尋找自己有哪些抗拒的意識，搞清楚自己是在抗拒、害怕什麼。

因為當你內在有抗拒，可能就會把看進眼裡變成瞪對方，或是看了之後因為內在壓力太大，下意識急著想要把眼神轉開，把微笑變成看起來想掩飾嫌惡硬擠出來的笑容，你的害羞看起來就變成不想接觸，你講的話就會不符合邏輯現況，或是讓人覺得不舒服。

用社群媒體來刷存在感的刷法：

　　這個方法是我最不推的方法，因為你無法確定對方會不會去看你的社群媒體，就算看了，也不代表你們有建立實質的關係跟成為可以自然互動的理由。如果你在現實中不敢跟對方互動，卻先用軟體開始聊天，十之八九你們的關係並不會有什麼進展，因為你會傾向躲在螢幕後面，並且面對面相處時會充滿得失心與不自在。

　　但我還是稍微介紹一下這個刷法，這個適用於不刻意約會就見不到面的對象，彼此有點認識但並沒有很熟的狀況，例如臉友或交友 APP 上認識的對象。

　　社群媒體可以刷存在感，更是透露自己資訊的好方法，尤其現在 IG 的限時動態很好用，可以多多分享自己的興趣、有趣的軼聞、好笑的事情等等，分享會讓人對你這個人好奇或是跟對方共同興趣的資訊。

　　多發一些對方會感興趣的東西，不要針對對方發私訊或是動態，而是讓對方覺得你「剛好」對他有興趣的主題也有興趣，進而更加關注你。不一定是主題，如果你是女生，你很正的照片就是對方會有興趣的東西，所以也不用

是主題，就只要對方會感興趣的就好，引誘對方主動回應你所發的東西。

　　所以在這邊我會建議不管男生女生都去涉略一些異性常見的興趣，不用非常懂，但至少要聊得起來。

　　使用社群媒體刷存在感的成功前提在於「對方有感覺到你的異性魅力」，因為如果你發了一堆動態，對方只是滑過去都沒有要停下來看的意思，你發再多也刷不了什麼存在感。因此有對象意識非常非常的重要。

用傳聞來刷存在感的刷法：

　　這個用途最不廣，因為只有當你們彼此有共同朋友，而且這個共同朋友關係跟你不錯，願意在那個人面前多提到你這個人，並且是有趣好玩的故事，才適合使用。但如果你本身就是一個話題度高的人，那就另當別論，只需要製造更多共同朋友即可。

　　重點是藉由朋友來建立你的傳聞，讓對方對你產生好奇，當你主動接觸對方時，對方就會因為原本就很好奇而更願意跟你建立連結。

技法二：展現縫隙

　　這個技巧適用於會私下聯繫並且有基本好感的認識程度，在日文裡面有一個詞叫做「隙有り」，意思是「有機可趁」。不管是男生還是女生，當我們對一個人有好感的時候都會想要用各種方法更靠近對方，但在好感度還沒升格到喜歡時，你是否讓人感覺是個容易接近的人，就占了你會不會被喜歡非常大的決定因素，女對男尤其如此。

　　男對女的部分，我還是會建議男生去增強自己的硬體實力（打扮、身材、財富等），增加硬實力是相對簡單的，不然就是你要很會跟女生相處、聊天、聽得懂女生說話。

　　在聊天的過程，透露出自己的行程、興趣以及「可以讓對方提供價值」的事情。包含幫忙你完成某件事、教你他擅長的東西或是提供他的意見等，都是屬於提供價值的範圍。

　　或是刻意暴露自己的弱點，例如害怕、困擾的事，你越是讓他覺得你在某個方面有他人生會過得更好，他就會

主動填補這個可以提供價值的空缺，而更容易喜歡上你。就是盡量撒餌讓對方主動來咬，但不要期望每一個餌對方都會來咬。

建立對方的安全感——
讓對方覺得被欣賞、被喜歡

前面所提到的「刷存在感」算是一種長期的戰略，但是如果你的對象是很難再度遇見或聯絡的人，你需要在短時間內留下很強的印象，那就必須要學會調情了。調情可能是將對方視為對象的意味更強烈的肢體語言（例如拋媚眼、甜笑等等）與言語（讚美、曖昧、吹捧的話等）。

用身體（肢體語言）來展現好感

我個人是最喜歡使用肢體語言的方式表達好感，首先是不用說就能立即造成明顯曖昧的氛圍，也可以立即抽離來平衡剛剛的好感展現。

喜歡一個人，就會常常想要跟對方有眼神、肢體上的接觸，當然也會出現緊張、害羞的情緒，如果我們內心沒有「怕」，就可以自然而然的展現。

　　很多人會以為跟異性相處要順利，是要完全消除緊張，要一副老神在在的樣子才叫做有魅力，但其實並不是如此。緊張跟害羞是完全沒有問題的，只要我們沒有想要隱藏。這些東西都可以變成使對方自我感覺良好的一個很棒的管道跟工具。

　　為什麼有自信的人會有魅力？因為有自信的人不需要花心思去藏、掩飾任何東西，不需要花精神去擔心這個擔心那個，他們的精神就容易集中在跟對方相處這件事情上面，也不會害怕去展現自己對對方的好感。

　　我們都以為一個人有魅力是因為他有很多「客觀」的優點，但真正魅力的元素在於能多讓對方發現他自己有多少優點、多值得別人喜歡，而不是「你自己多值得被喜歡」。

　　大部分的人會因為太怕、想要安全，而花很多心力想要藏住某些東西，當他們花盡心思拼命藏住這些情感的時候，他們的世界就不存在他們喜歡的人了，只剩下他們自己，而肢體也會呈現僵硬、不自然的狀態，整體來說，都是沒有魅力而且不吸引人的。

這個喜歡不限於愛情的喜歡，我們就算只是很喜歡一個朋友，也會想要有更多的眼神、肢體的接觸，不同的喜歡想要的接觸方式當然是不一樣的，但想要更靠近的慾望卻是一樣的。如果你希望可以更輕鬆靠近自己喜歡的朋友，對於自己有更想靠近的慾望是自在而且自由的，就算緊張也不會極力隱藏，那麼你要學的並不是怎麼觸碰異性，而是要怎麼把「怕」這件事情解決掉。

眼神的部分很簡單，就是做到前面所提到的「把對方看進眼裡」就可以了，同樣是看，「把對方看進眼裡」的眼神會讓人覺得比較有神。面部表情的部分，就是要對著鏡子練習你覺得最美最好看的笑容，直到自己都覺得自己笑得超級好看為止，然後試著對喜歡的人展現這樣子的笑容。

以聲音來說，有撒嬌、甜甜的音，例如劉亦菲、亞莉安娜＊；或是多一點氣音、拖長音，例子：舒淇、史嘉蕾喬韓森，這些都是會讓人覺得有女性魅力的聲音模式。

再來以背景發動的部分，我們有對象意識時，面對喜歡的人通常會把自己的步調慢下來，因為想延長相處的時

　　＊ 亞莉安娜：Ariana Grande，知名美國歌手，有鐵肺小天后之稱。

間跟好好享受相處的時光。所以當一個人的動作是慢條斯理的時候，我們會覺得對方相對的比很急的人更有魅力，甚至會有優雅跟性感的感覺。

" 讚美的魔法

　　每個人都喜歡被看見自己好的地方，但是回想以前接收過的所有讚美，每一個讚美都會讓你開心到即使事後回想也會不自覺嘴角上揚嗎？是什麼樣的讚美會讓你那麼開心？

　　如果你是一個陰性特質比較重的人，對於讚美也會相對比較挑剔一點，因為陰性特質在性格顯現上會相對比較細膩，容易觀察到事情的負面狀態，也比較謹慎，對於浮誇的讚美會難以接受。

　　如果是陽性特質比較強的人，因為比較單純，容易將事物用正面的方式去解讀，只要是讚美都會很容易接受且相信。所以很多男人就算女人用很矯揉造作的方式說「哇～你好厲害喔！」也會爽歪歪，但旁邊的女人看到這

幕都會翻白眼，覺得男人怎麼那麼蠢，這種這麼不真誠的讚美你也那麼快樂。

也就是說，如果你喜歡的男性陰性特質比較重，那麼當你需要讚美對方時，就必須舉出具體的事例：

「我覺得你真的很紳士，現在還會幫女生開門的男人已經快絕種了。」

「你剛剛主動拿衛生紙給我，真的讓我覺得你是一個觀察很入微又很體貼的人。」

「我覺得你很勇敢，敢去嘗試各種不同的事情，滑雪、衝浪、滑板⋯⋯讓人很嚮往。」

但如果你面對的男性陽性特質比較重，那不管多麼浮誇的讚美都沒關係：

「哇你怎麼那麼會切菜！這個刀工不得了！我以前都沒想過可以這樣切，好聰明喔！」

「喔你怎麼那麼會組傢俱！我沒看過有人可以這麼快就組裝好！真的是天才！」

還有另外一種讚美，是不管誰聽了都會高興的讚美。就是當我們可以看穿對方表面表現出來的樣子，去看見對

方實際上想要被看見的特質。舉例來說，女強人都希望有人可以看見她內在那個可愛的小女孩，而外在像小孩的女人都希望別人可以看見她內在成熟、有想法、有能力的那一面。

也就是說，別人不容易看見、跟表面相反的正面特質都是我們期望被看見的。而這沒有任何例外，因為人都渴望擁有自己身上沒有的東西，而且幾乎這世界上每個人都覺得自己並不是「完整」的，因此人性會想要追求「完整」。

但事實上每個人都擁有所有的特質、性格，只是我們習慣呈現出來的樣子是我們認為「安全」的樣子。並不代表我們就不擁有那些沒有表現出來的特質，只是不常使用、不習慣表現罷了。就跟腹肌一樣，每個人都有，只是有些人可能天生基因就看得到腹肌，有些人後天努力健身所以後來看得到。但不管看不看得到，每個人都有。

所以當有人可以看穿我們外表呈現的樣子，去看見我們實際渴望被看見的特質時，我們會覺得自己很特別，也會覺得對方做得到這件事很特別。

或者，你也可以請朋友幫忙轉達欣賞、喜歡他什麼地方，又或是可以透過社群媒體去稱讚對方，不管是隱晦的訊息還是明顯的訊息都可以，重點是對方要知道你是在講他。

" 讓他思考一下

除了直接用肢體語言、或言語明顯表現「我對你有好感」之外，有時候用話中話來讓對方花點時間思考你那句話的背後含義，也是一個很不錯的方法。

e.g.1 「我很喜歡男人穿白襯衫耶！」
然後他今天剛好穿白襯衫。

這句背後內容隱含幾個意思，第一個是「我有把你當潛在發展對象看待」，你想想，如果對一個你完全沒有興趣的男性，你會在對方穿白襯衫的時候跟對方說「我很喜歡男人穿白襯衫」嗎？應該再怎麼樣都不會吧？

第二個意思是「我希望你以後多穿」，這句背後還有

一層意思是「我覺得你會想要取悅我而多穿我喜歡、我會欣賞的東西」，那代表你對自己是有對象意識的，而且認為自己有足夠魅力可以讓男人想要努力來符合你的標準。

陽性特質的男人腦袋雖然簡單，但是感覺的功能還是存在的，他們不會發現你在對話中講了大量隱含「我覺得男性會願意取悅我」這內層意義的話，但他絕對可以從結果上感覺到你是不是有魅力的，他只會知道結果，不會知道原因。

e.g.2 **當你逼不得已必須幫對方剝蝦時，說：「我這輩子沒幫誰剝過蝦，只有這次例外，以後都是你剝！」**

你可能會誤以為重點在「我這輩子沒幫誰剝過蝦」，但事實上這句話的效用很弱，重點在「以後都是你剝」。

這句話隱含幾個意思，第一是「我們會有常常一起吃飯的以後，所以有可能會交往」，這代表你對自己有很多安全感，多到足以去做這樣的假設，這就是有自信的一種表現；第二是「你以後都會幫我剝」代表著你假設如果有常常一起吃蝦的以後，對方會是那個比較願意付出的角

色，也就是說你做這樣的假設是指對方以後應該會喜歡你到願意一直幫你做這件事。

你看到這裡可能會很煩惱，怎麼那麼複雜高深？我一個例子都想不出來耶！講得出這句話的人，肯定講不出我剛剛說的那樣的分析，但他們就是講得出來，而且巧妙到連自己都沒有發現。也因此我才會一直強調，學表面的技巧是很雞肋而且徒勞無功的，如果心態潛意識狀態是對的，那你自然就會說出大量隱含「我是有價值、有魅力的人」的話語。

我們說的每一句話都有前提跟背後隱含的意思，那才是真正在溝通的東西，而不是內容本身。內容本身也許可以短時間騙騙人，但長時間累積下來都會露出馬腳，除非你遇到的是道行比你低很多很多的人，才有可能一直被你騙，但問題是你不會被這樣的人吸引啊。

e.g.3 當對方問你喜歡什麼樣類型的男生時，嘗試用描述別人的方式描述對方明顯的特色。如果對方很高又會畫畫，你就可以說「我喜歡身高高而且會畫畫的男生」，要講得比較隱晦一點可以說「我喜歡身高超過180，而且

有藝術天份的男生」。

這個例子就是比較可以去刻意操作的例子，推薦大家一部漫畫，叫做《擅長捉弄的高木同學》*，內容就含有大量這種可以刻意操作，捉弄對象讓對象不知所措、小鹿亂撞的例子。

但是要能做到捉弄對方，你的內在就必須先有認為自己沒有比對方差、而且自己有能力讓對方小鹿亂撞的潛意識信念。如果你的內在認為對方不會喜歡你，又去執行這種刻意操作的東西，那你內外不協調的能量就可能把你自己跟對方都弄得很尷尬。

❝ 挖洞給對方跳

技法一：反向肯定，否定對方很明顯的擇偶優勢。

「你太高了接吻很麻煩。」

「你跟很多明星長得一樣，很沒特色。」

雖然這個技巧是在否定對方明顯的擇偶優勢，再怎麼樣都不太可能因為你的這種言論產生不安全感，因為有強

---

* 擅長捉弄的高木同學：日本漫畫，亦改編為電視動畫，作者為山本崇一朗。描寫平凡的男中學生西片君，與古靈精怪的女同學高木相遇後的青澀校園生活。

大的社會認可在背後支撐，當他聽到這種話，只會想著要怎麼反駁你往好的方面想。然後就會把自己代入想討好你的角色裡面。

技法二：批評自己，讓對方反駁你。

「我覺得我太矮，站在你旁邊很不好看。」

「我覺得我太高，男生應該覺得我不可愛。」

「我覺得我很不溫柔，像你這樣的男人大概不會喜歡像我這麼恰的女人。」

「我不太知道男人到底喜歡我會是喜歡我什麼，我覺得我沒什麼很大的優點。」

同樣的，藉由批評自己，讓對方來說服你你是值得被喜歡的，藉由在說服你的過程之中，他同時也會說服自己。利用這樣子的對話，讓對方開始想像自己跟你在一起時的樣子。

技法三：否定未來可能性，讓對方掉入這個陷阱，去反駁你的說法。

「你喜歡吃 ＿＿＿＿＿＿ 喔？那我們可能合不來耶！」

「這樣如果交往一定會很常吵架。」

這個技法是利用同樣的原理，讓對方來反駁未來交往的可能性。有點類似像男人下一個玩笑性的戰帖，讓他來說服你如果你們交往的話不會那麼不順利。

使用挖洞給對方跳的所有技法的重要前提是，**你必須確定自己並沒有真的對這件事情感到自卑，也就是說不要忘記這些主動發動技能都必須要由被動、背景發動來支撐。**如果你批評自己是真的對這件事情感到自卑，對方反而會感到卻步或尷尬。如果你是真的在否定未來的可能性，而不是在開玩笑，對方反而會覺得跟你相處壓力很大。

❝ 貼心 vs. 獻殷勤

女人在乎男人貼不貼心已經不是什麼令人驚訝的事情，但男人呢，比女人想像中更在意細節跟女人是否貼心，尤其有選擇權的男人更是如此。越是有選擇權的男

人，越會去觀察女人的「待人處事」，因為待人處事的方式跟相處會不會合得來有很大的關聯性，若你是個懂得替人著想的女性（但來源並不是因為自卑感），這對高價值的男人就會有很大的加分。

所謂的貼心，並不是「討好」或單純是「對對方好」就叫做貼心，如果對方月經來你專程去買紅豆湯送到對方家門口，這叫做「獻殷勤」，並不叫做貼心。但如果你剛好經過紅豆湯店，然後剛好你在回公司的路上，剛好她坐在你旁邊的位置，你買給她這才叫做「貼心」。很多人會誤解貼心的定義，而且很容易在面對喜歡的人時，就扭曲原本自己所理解的貼心的意義。

你可以想想看，面對家人朋友時，你做些什麼事情會使家人朋友覺得你貼心？通常不是你大費周章的去做什麼事，可能是對方遇到一些小麻煩，而你會透過一些小小的動作，去讓對方不要遇到困難跟障礙，省去對方的時間，或是不管對方在做什麼事，讓整體的體驗、過程更順利。

例如當對方看起來像是在找東西時，你知道他是要找衛生紙然後就二話不說直接拿給他；或是你看到對方忘記

什麼東西，你就直接幫對方拿；或是對方站在馬路上比較危險的位置，你把對方拉到比較不危險的位置；或是在多人聚會時，幫對方夾他夾不到的菜等等。

　　對方需要幫忙的時候，在對方還沒想到需要你幫助時就先幫對方一把，這叫做「貼心」。要特別小心不要把貼心跟獻殷勤搞混了。

如何給對方不確定感？

“ 讓對方覺得在他的預料之外

技法一：反差感

只要是人，就是有感覺的動物。每個人都會根據從別人身上感覺到的感覺，下意識的去預測別人應該會做什麼樣的事、產生什麼樣的反應。例如當我們看到滿身刺青、面相凶惡的人，就比較無法想像這個人抱著貓咪寶寶用可愛的聲音跟動物講話的模樣；或是看到一個感覺輕浮的人，無法想像他會很孝順。

因為我們對人事物都會根據自己的經驗或是感覺上的認知偏誤來做常理或直覺的預測跟判斷，所以才有「意外」這個詞彙的產生。

所以，當我們可以讓別人產生「意外感」，就可以建立自己性格的立體感。可以想想你覺得有魅力或可以讓你很喜歡的人有什麼樣的特質？如果你想到的是成熟，那再

進一步想想看，真的是因為成熟你才覺得對方有魅力嗎？如果對方只有成熟，你還會覺得有魅力嗎？還是因為他既成熟又帶有某種活力或幽默，同時擁有跟成熟比較相反的特質，你才覺得他有魅力的？

如果你想到的是有氣質，再進一步想想看，真的是因為有氣質你才覺得對方有魅力嗎？如果對方只有氣質，你還會覺得對方有魅力嗎？還是是因為他既有氣質又有趣，同時擁有跟氣質比較相反的特質，你才覺得他有魅力的？

那要怎麼樣引發對方的「意外感」？這就要回到第一章所說的，你要了解自己客觀給別人什麼感覺，每個人帶給他人的感覺都會有一個區間，例如如果你看起來是冷靜的，就比較不會出現「活潑」、「多愁善感」這類的形容詞，你給別人的感覺就會在接近冷靜的形容詞區間內，像是穩重、謹慎……。

所以如果你很常得到冷靜這個評價，那麼你需要讓人感到意外的，可能是在電影院裡看電影看到哭，或是幫別人打抱不平等樣態，讓人覺得你是一個性格立體的人。漫畫當中，具有極度魅力的人氣角色通常都擁有很強的「反

差感」，反差感就是一個可以讓人意外的一種操作模式。

　　前面提過的阿蓮就是一個反差極大，讓人意外又產生好奇心的好例子，因為她平常表現的是有氣質跟ㄍㄧㄥ，所以當她說「你下次敢再已讀我你試試看」時，就產生了很大的落差與意外。但如果這個人平常就是很強勢的作風，說這句話可能就沒有那麼強的效果，甚至可能會有反效果。

　　而當我們處於最自在的狀態時呈現的自己，本來就是很多元化的。就像跟好朋友相處時，我們都會呈現自己很多不同的面相讓對方看到，所以朋友會覺得你是有趣的。

　　不需要去擔心自己是否是個無聊、平面的人，這世界上沒有任何一個人的本質是無聊或是平面的，只是如果我們總是尋求安全，或是總是在害怕別人討厭自己，就會因為自我的限制，而呈現出平面的狀態。但我也不會鼓勵大家刻意展現或「表演」反差感，而是要盡量讓自己在一個自在的狀態，就能自然而然讓自己可以創造意外感。

技法二：讓對方產生「以為」

如果想要透過刻意的安排，讓別人覺得你在他的預料之外，你能夠做一件事，就是讓對方「以為」某一件事情是可能的，然後突然把這個可能性推翻。

例如，你讓對方覺得你很喜歡很喜歡他，對方也有一定自信覺得你超級喜歡他，然後你突然變得相對冷淡，或是讓他突然發現事情其實不是像他想的這樣，他就會非常意外，這樣的意外感會讓他心煩意亂或亂掉方寸，然後花更多心力跟時間在你身上，也就會產生強烈的感覺。

這是很多女人在跟有吸引力的男人相處時的共同經驗，但女人相對比較無法讓男人有這樣的經驗的原因是，女人在愛情中大多採取「不要表現得太喜歡他」這種保護自己的策略，所以當然也無法創造這種意外感。先讓別人感覺到很有自信、在掌握之中，然後讓這件事消失，比起反過來讓對方非常沒自信、不在掌握之中，然後再來推翻這件事，來得效果更強。

技法三：原本沒有的突然有了／原本有的突然沒有了

如果一段關係讓我們沒有產生起伏，那就不叫做戀愛，我們也不會產生戀愛的感受。要產生戀愛的感受，就必須要有起伏。

「原本沒有的突然有了」是創造高潮、緊張跟心跳加速的時刻，以推拉法來說，就是「拉」的技巧。例如你本來不會對他做肢體接觸，突然會開始主動碰他、對他放電、說曖昧的話、突然靠他很近等等。

這種創造曖昧張力，讓對方胡思亂想的動作跟行為，加上若是你過去從來沒做過的事情，就很容易造成對方內心的起伏跟內部投資。也就是前面提到的，如果有覺得自己可以「捉弄」對方的立場，就容易創造這樣的起伏。

另外一個會意識到自己喜歡一個人的時刻，就是在我們發現自己會因為對方的一舉一動而「不開心」的時候。例如對方突然不回你訊息，或是他身邊出現一個長得漂亮而且跟他走很近的女生朋友。當我們意識到自己會因為對方而心情不好，才會認為自己有喜歡對方。

如果跟對方相處一直都很快樂，也沒有什麼不開心、

心情不好的情況，那麼很大的可能你就只會認為對方是好朋友而已。

「原本有的突然沒有了」就是在創造雲霄飛車往下墜的時刻，以推拉法來說，就是「推」的技巧。例如原本你們每天都會聊天，突然有一天中斷了；或是你本來都會很快回他，突然變慢了；或是你本來會對他肢體接觸但突然沒有了，拉開距離了等。不論是物理距離還是心理距離都能夠創造這樣的時刻。

" 不費力的創造不確定感──尊重自己的快樂

如果想要不費力的去創造所謂的不確定感，只要做到「尊重自己的快樂」這件事情，把相處的目的從「讓對方喜歡我」改成「讓自己開心」，這樣一來，不需要刻意創造就能創造不確定感。

因為當我們尊重自己的快樂時，為了讓自己開心，我們就不可能時時刻刻想要回應、討好對方，或是總是想要配合對方，或是把重點放在恐懼上面。

為了讓自己開心，我們總是會做出一些看似比較自我中心的行為，而這樣的行為模式就可以創造關係的起伏，就像是你對待你有好感但沒有喜歡的對象一樣，例如你不會每次他約你都有空，不會每次他傳訊息來你都迫不及待想要回，不會為了討好他而做委屈自己的事。你因為尊重自己的快樂，就為對方製造了很多起伏，為對方製造有高興的情緒，也有低落的情緒，這也就是為什麼你沒有那麼喜歡的人比較容易喜歡上你的原因。

如何帶給對方特殊感？

　　每個人都有可以被欣賞、被喜歡的地方，也許這些特點很多人身上都有，也因此，當你有能力引發對方心中對自己的特殊感，就是會使對方開始依賴你的關鍵點。讀到這裡，你會發現，我所教的主動發動的戀愛技術，大部分都是在**教你怎麼讓對方的自我感覺良好**。

　　很多人想要學戀愛的技術，出發點都是為了「保護自己」，為了自己不要再受傷。但是這樣的出發點是永遠無法成為一個有魅力的人的，如果你認識任何有魅力的人物，他有魅力的時刻，你都不會發現「害怕」跟「恐懼」的成分在內。就算有這樣的成分，也是因為對方勇敢展現了自己的脆弱面，承認、溝通了自己的恐懼。

　　所以就算你絞盡腦汁想要讓對方感覺良好，為了「交換」對方的好感，你的整體能量跟出發點還是充滿了恐懼，你的世界還是只有你自己，而沒有對方的存在。

最好的方法是，把自己當作情感的慈善家，慈善家們都是很富裕的人，他們衣食不缺，心裡也很富足，也不認為「給予」是種損失。說句很老套的話，就是你希望別人怎麼對你，你就怎麼對別人。把別人當成跟自己一樣重要的人，那麼你就會是那個最有吸引力的人，因為每個人在你身邊都覺得自己備受重視。但因為你不是為了交換，出發點不是恐懼，你認為自己是有價值的，所以你所給予的重視就有它的價值。

特殊感有兩種方向，一種是他覺得你特別，一種是你讓他覺得自己特別。

這兩種方向雖然表面上看起來不同，但實際上是一種互通的能量，如果你讓他覺得自己特別，那他肯定會覺得你很特別；但是反過來卻不一定，如果他覺得你特別，但他不一定會覺得自己也很特別（當然也有某些狀況是他覺得你特別，但這樣的特別對他自己沒有產生什麼影響），這種狀況就容易讓對方產生某種自卑感，一種配不上你的感覺。

陽性能量與陰性能量不同的地方是，陰性能量主宰的

人就算覺得自己配不上，也會更加努力讓自己配得上，喜歡的能量不會消失。但是陽性的能量卻不是，如果你讓陽性能量主宰的人覺得自卑，那他喜歡的能量就會開始消退。

　　把陰陽能量轉換成異性戀世界的性別角色的話，男人必須透過讓自己自我感覺良好，才有辦法感覺到自己像個男人，所以如果他覺得在你身邊他像個魯蛇而不是個英雄的話，對你的激情就會大量的降低，這樣的心理狀態甚至會顯化成對你不舉的現象。

　　當然女人也渴望男人讓自己自我感覺良好，只要是人都會渴望讓自己感覺良好。但女人經過後天社會化壓抑性的教育，相對容易可以依附在讓自己自我價值感低落的人身邊持續待著，因為已經習慣被壓抑、被貶低，然後又因為持續被貶低、壓抑，而更被相對洗腦成「對方比較優秀所以自己需要對方」的這種惡性循環，期望自己總有一天可以證明自己對對方來說是有價值的。

　　所以我不會鼓勵大家放太多力氣在塑造讓對方覺得你特別這件事上，因為如果不包含讓對方自我感覺良好這部

分，那這個特別感其實不會加到太多的分數。

如果你面對的是陰性特質比較重而且自卑的男性，那麼有可能對方會非常受你吸引，但畢竟你還是一個異性戀女人，還是希望自己可以有一個陽剛的伴侶，而自己可以是陰柔的。因此如果你遇到表面比你更軟弱的男性，就有可能會出軌或是在此段關係中感到不滿足、不刺激。

如果你面對的是陽性特質特別重且自傲的男性，還有可能激起對方的防衛反應，你反而會因為對方的防衛反應而受傷。

如果你遇到的是有魅力、陰陽高度整合的男性，那他會看穿你不斷想要創造對自己有利的情勢背後的恐懼，吸引力則會馬上被澆熄。

但在男對女的這個層面來說，極端自我還是有可能吸引到大量的女性，但卻很難與這些女性建立令你滿意的關係，因為最終每個人想追求的還是一個平等的關係而不是上下關係，上下關係雖然可以讓人隨時感到優越，但卻無法使人在心靈上滿足，內心還是會感到空虛，為了填補這種空虛，即使自己不願意，也會促使自己做出很多不尊

重、傷害另一半的行為。

那要怎麼使對方覺得自己很特別呢？例如讓他知道：某些話是只有對他說過的、某些事是只有他會獲得的待遇（不包含折損你原則與自我價值的事），只有他才能對你做的事、因為是他所以才可以、只有在他身上感覺到的感受、只有他會做的事等等。這些都可以顯示出對方的特殊性，但是仍然要記得，用時間創造這樣的「氛圍」，比直接把這樣的訊息講出來更有效果。

面對男人，你需要呈現的是「只有你才能提供」的氛圍；面對女人，你需要呈現的是「只有你才能得到」的氛圍。

Chapter 7

戀愛的問題，
和你的等級有關

接下來要詳細介紹戀愛等級，戀愛初級班、戀愛中級班以及戀愛高級班的差別。戀愛也是一種人際關係，也就是說，我們如果在戀愛當中出了問題，一定不只有戀愛才有問題，可能在人際關係上多多少少都會有一些令自己困擾的問題，而產生問題的核心源頭有很大的可能會跟戀愛為什麼不順利是一樣的原因。

要提醒大家的是，所謂的「問題」是讓你困擾、你想解決的才叫做「問題」。人際關係沒什麼問題的人，所面對的事情表面不見得看起來跟你不一樣，但是因為他們不認為那個表象是問題，或是那個表象是他們自己「選擇」的，所以他們會成為「人際關係沒什麼問題」的人。

並不是因為他們沒問題就一定跟誰都處得很好、一定人見人愛。舉例來說，一個看起來「沒什麼朋友的人」，如果是自己選擇的「我有能力交朋友，但我選擇不要」，跟「想要很多朋友，但沒能力辦到」，這兩個狀態是差很多的。

戀愛等級是一個結果跟狀態，跟「戀愛不順」是同樣層級的結果，並不是造成你戀愛不順原因。

戀愛初級班──
對待異性只有喜不喜歡，
沒有「友誼」存在

　　不管在哪個戀愛等級，可能都會面臨「喜歡的人不喜歡自己」的狀況，但是同樣看起來是這樣，內容和程度上卻是有落差的。

　　戀愛初級班面臨的內容，是連「關係」都很難跟喜歡的人建立，就是雖然表面上可能是稱彼此為「朋友」，但實際上他們的關係裡並沒有「友誼」的存在。這樣的關係，只是一個人想要跟另外一個人交往，然後另外一個人想著要怎麼不傷人的拒絕跟怎麼不著痕跡的離開對方的生命而已。

　　也就是說，當初級班在對一個人產生某種目的性時，就會很難跟對方建立起「實質」的關係。也因此初級班多多少少也會面臨一些人際關係的問題，因為他們對事情的定義相對狹隘、思考相對僵化、分別心相對很重。

　　例如，心裡會認為異性跟自己很不一樣（所以才會很難交到異性朋友），或是事情「就是」怎麼樣（對方會很常主動找我就是有喜歡我吧，如果沒有喜歡我就不應該主動找我），覺得很多他們認為的事情是理所當然，因此也不會去跟別人確認現實是不是真的如此，就算有也不會相信別人說的。

　　他們會給自己很多思維上的限制，而他們給自己的限制，通常都不符合現實，他們會將事情發生的原因直接歸結到他們認為理所當然、最表淺的原因上面。

　　舉我最常見的例子來說，戀愛初級班的女生會認為男人就只喜歡漂亮的女生。用這樣的理由理解自己所遇到的困難，就能把事情怪在男人的「膚淺」上面，自己就不用承擔任何責任。就不需要面對不受歡迎的原因是自己不努力打扮而不是因為不漂亮，更重要的原因是他們本人是不討喜的，開口閉口都是抱怨，都是別人的錯而且自以為是。

　　然後如果戀愛初級班在現實中遇到那種並不是很漂亮但是很受歡迎的女生，就會覺得那種人是「例外」，或是

一定很娃，所以不能參考。他們會竭盡所能的不讓自己原本的思維跟想法被推翻，不論合不合邏輯，因為太害怕自己建構的這個至少可以讓自己自我感覺良好的世界崩解。

你會發現這樣的人心中有很多預設立場，並且會希望別人的想法跟反應是符合自己預設立場的，只要不符合，就開始否認跟防衛，設法為自己的預設立場找一個可存在的出路。

戀愛初級班如何看待吸引──

戀愛初級班所認為的吸引，是以為要讓對方喜歡上自己的「好」，也就是優點。而且他們會覺得一定要有某些優點才值得別人喜歡（而且這些優點通常他們認為自己沒有，這樣才可以幫自己在戀愛中的不順做合理的解釋），或直接認為異性喜歡爛貨的特質（例如男人愛婊子、女人愛壞男人等，一樣是為了幫自己在戀愛中的不順做合理的解釋）。

他們會有很多自相矛盾的想法，例如覺得如果夠好就會被喜歡，但看見那些他自己認為不夠好的人被喜歡，他

就覺得異性都欣賞爛貨。

戀愛初級班如何看待魅力——

　　他們認為魅力就是表象的、社會認可的擇偶條件，例如美麗或帥氣的五官、好身材、財富、學歷等這些就等於魅力，當他們遇到一個有魅力的人，會去尋找這個人被社會認可的外在成就或條件，然後覺得這就是對方有魅力的原因，而這就是他們想要相信的現實（因為自己沒有這些外在條件或成就，所以就不用為不受歡迎負責）。

戀愛初級班如何看待情敵——

　　他們認為只要面對客觀條件比自己的好的情敵，自己就一定會輸，但事實上他們也會輸給客觀條件比自己差的同性，因為他們對於兩性關係運作的認知都還停留在自己的世界裡面。

戀愛初級班如何看待機會——

　　他們沒有「關係是一個互動的過程」的概念，覺得是

一開始就定生死，喜歡就是喜歡、不喜歡就是不喜歡，沒有「喜歡是有分程度」的概念，因為他們本身對待感情也容易沒有中間值。這樣的人活在自己的世界不看現實，因為他們的世界就建構在不面對現實上面。不願意面對現實的原因，是因為有太多不想面對的自我。

他們很容易希望事情是簡單的，像我常常遇到的就是他們會希望我給出「有用」的建議跟做法，期望我可以給他們一個神奇的動作或傳給對方的訊息，可以直接抹除掉他過去在這段關係裡，做的所有使人不想繼續跟他發展關係的事，一個確定可以操弄結果的神奇魔法。他們非常希望這樣的奇蹟是會出現的，他們的人生就把希望寄託在幻想跟奇蹟上。

然後把我當成什麼神仙教母，那個給予他們「簡單容易達成的奇蹟」的人（如果你有從本書的頭看到現在，你會知道真正有用的方法並不是「做什麼」，而是「做的人」的問題）。

戀愛初級班的人大多有很多自我價值的議題等待他們去處理，他們必須鼓起勇氣打破他們建構的保護自己、不

承擔責任的世界，然後開始去面對現實，發現現實並不如他們所想，沒有那麼簡單、沒那麼多限制，他們所期望的魔法跟幻想不存在。

事實上，這些人在面對人生時，會發現自己所需要負的責任比原本想像中的多太多，也會在負起責任的同時，發現自己比想像中更有力量跟影響力。

戀愛初級班在面對感情的目標就是「保護自己」，所以會花很多心思跟精力去掩蓋他們認為自己不會被喜歡的地方，又因為對於感情的認知有太多狹隘的限制，例如他們要是覺得沒辦法達成目的，整個人的狀態就會變得很負面，覺得有機會達成目的又會變得太急躁（因為過去成功經驗很少，所以覺得跟自己喜歡的對象進一步的機會很稀缺）；他們也很容易在相處上給別人很大的壓力。

可以想像一件事，如果一個陌生人跟你進了同一部電梯，他卻突然開始防備你，把距離拉遠、包包拉緊然後一副很想要趕快離開的樣子，你會有什麼感受？肯定是很不開心吧？這就是當你在用「保護自己」的目標在對待別人時，別人會有的感覺，就是「感覺很差」。但因為初級班

總是花太多心力在害怕自己受傷，所以很難發現別人的感受是這麼回事。

這也說明了，戀愛初級班的世界裡並不存在對方，只有自己。時時刻刻都想著自己，要說什麼、做什麼對方才會喜歡我？才會想要進一步？他現在是怎麼看我的？我要怎麼樣才能了解他使他喜歡我？我會不會被討厭？為了保護自己，所以不要先對別人笑，在確定對方也喜歡自己之前，不要付出給予。

就算是看起來像是關心對方的想法，其實也只是為了達成目的的手段，並不是真心想要關心對方。如果確定對方不可能喜歡自己，初級班可能就不會做關心對方這個動作了，那代表關心這個動作其實只是為了被喜歡的目的而存在。

因為花太多時間在保護自己，為了保護自己又需要花很多精力逃避面對自我，所以戀愛初級班首先搞不清楚自己在幹什麼，當然也搞不清楚別人在幹什麼。

不面對自我就不可能了解自己，但他們同時又很想要控制外界人事物，希望一切照著自己的期望走。無法控制

自己的人，當然什麼都無法控制。這才是為什麼他們不受歡迎、沒有桃花運的原因。

以下是戀愛初級班會很常說的話：

e.g.1 「我不會答應跟我不喜歡的男生出去，
因為我對他們沒興趣。」

「因為沒有發展的話就不要浪費時間啊！」

對男人只以目標導向分類，有興趣跟沒興趣的。這樣的人沒有什麼異性朋友的原因就呼之欲出了，因為沒有把異性「當人看」，異性只是一個工具，一個成為男朋友、老公角色的工具，只要這個人不能完成自己的某個目標或目的，就不值得花時間相處。也不知道如果拿掉這層目的要怎麼相處，因為異性就是工具，不知道怎麼用的工具當然就不會去用。但如果你把異性當人，你就不會有這樣的困擾。

我身為女生聽到這兩句話都直打哆嗦，何況是男性呢。如果你是這樣的人，可以思考一下，在面對女生時，

你會不會有同樣的想法？你會一開始就要對方決定要不要當你朋友嗎？你會說「不能當成閨蜜就不要浪費時間啊」、「我不想要變成閨蜜的人我就是不會跟她們聊天，因為我不想跟她們當閨蜜」嗎？如果你會這樣，我敢保證你一個朋友也交不到。我相信你也能理解為什麼用相同的態度會交不到朋友，但怎麼突然性別換了，你就突然覺得如此目的導向的相處是合理的呢？

　　「如果他沒有要跟我交往的話，那我就不想花時間跟他相處」傳達出了很明確的訊息，叫做「我好害怕受傷害」、「我不願意冒險」、「事情不在我的掌控之中」。你傳達出了充滿恐懼的氣場跟能量，那誰跟你相處時會覺得輕鬆有趣呢？誰會被你吸引呢？當你講出這句話，同時也傳達出在面對很多事情的時候，你可能都是使用僵化且無法放鬆的價值觀，並且很容易「被戳到」，不論是同性還是異性，跟你相處可能都不會太放鬆。

 「男人就是都喜歡漂亮的女生。」
　　　「他不喜歡我是因為我身材不夠好吧！」

　　把對方不喜歡自己的原因歸結到外在表象，認為那個才是原因。的確，雖然自己外表看起來沒有那麼像那些被喜歡的女生那麼吸引人，但你真正該問的問題是，為什麼你不選擇努力讓自己的外表看起來更棒呢？那些女生可能本質上和你沒有多少差異，但她們願意花大量時間精神去研究打扮、做讓自己的賣相更好的事。

　　如果你覺得這樣很膚淺，那當你在購買任何產品時，你會覺得去幫產品設計外觀是一件膚淺的事嗎？你在買任何東西時，都買看起來最不用心設計外觀的？你都選你覺得不好看的？既然你對自己是否願意花錢、資源去購買的東西會有這樣的要求，怎麼還會覺得別人應該要選擇不用心呈現自我的你呢？

e.g.3 「要是他知道我喜歡他怎麼辦，
　　　　那他不就不會珍惜了嗎？」

　　這句話顯示了戀愛初級班對於戀愛這件事的認知，第一是覺得一定要對方先表示才行，他們沒想過對方可能也跟自己一樣，也會期望對方可以有所表示，他們只在乎自

己的感情是否被珍惜，滿腦子想著保護自己，卻不在乎對方是否也有同樣的疑慮。第二是對於「感情」的產生有所誤會，感情都是「互相」而產生的，沒有人會喜歡上打從一開始就明白清楚的讓人覺得沒有要發展的人。

e.g.4 「如果他喜歡上我怎麼辦？」

面對沒興趣的人，戀愛初級班總是覺得被喜歡是一件很麻煩的事情。但很有趣的是，他們擔心的事情通常不會發生，如果有戀愛中級班在旁邊，會馬上不解的問初級班說：「喜歡就喜歡啊，哪有怎麼辦？你有魅力又不是你的錯。」

只有戀愛初級班會擔心沒興趣的人喜歡自己怎麼辦，中級班以上都很享受且歡迎被喜歡的感覺，因為他們了解就算被喜歡，自己也沒有一定要對對方的期待有正面回應的義務。

e.g.5 「每段關係我都當最後一段關係在看待，我真的很專情。」

　　戀愛初級班很喜歡拿道德綁架他人，他們把每段關係當作最後一段關係看待，就是一個非常不懂尊重，以及一種顯示出他因為太過恐懼所以想要控制他人的心理。

　　也不管彼此合不合適，就把對方當作最後一段關係，這到底是一廂情願還是專情呢？戀愛初級班會將感情都當成最後一段，是因為他們害怕對方不是如此，並且無法給予對方想離開的自由與權利。

e.g.6　「他如果沒有喜歡我為什麼要約我？
　　　　　為什麼要一直找我？」

　　這句話也顯示了戀愛初級班對於戀愛這件事情的想像與定義都是非常狹隘的，因為他們對於「邀約」這樣的行動下了「必須有目的」的限制，所以邀約別人時會給人很大的壓力，也因此很常會誤會別人的意思，以及把自己當成受害者看待。對方不見得沒有喜歡他，但是可能沒有喜歡到確定要走一輩子的程度。初級班認為，沒有交往的目的就不能相處，就不能有任何表示，否則就是不負責任的表現。

e.g.7　「為什麼你要讓他這樣對你？」
　　　　「因為我喜歡他啊！」

　　戀愛初級班很容易將看起來直覺上有的因果關係當成理所當然，因為喜歡某個人，並不代表就要折損自己該得到的尊重，或是違反自己的自由意志。

　　他們會覺得因為喜歡，所以理所當然會討好、會想要交換、會讓對方為所欲為，覺得喜歡就一定會有迷戀、會害怕失去對方。他們的世界裡有太多的「理所當然」，也很難接受與自己不同的觀念想法，所以很難走出那個框架去認識真實的世界長什麼樣子。

戀愛中級班——
靠技術和理論來談戀愛

戀愛中級班會面臨的戀愛人際結果，也會是「喜歡的人不喜歡自己」，但是他們能夠跟喜歡的人建立基本的友誼，或更進一步有能力讓喜歡的人也對自己有好感，或進入到交往階段。

主要困擾他們的是，他們會一直覺得在跟自己真的喜歡的對象「交手」時，很容易會處在下風，也許是無法進入交往階段，或是即使交往，還是覺得對方不夠喜歡自己，或是總是被甩。

戀愛中級班很容易把愛情看成戰爭、爭輸贏的概念，所以交手這種字眼對他們來說是很適合用在愛情上面的，如果一個人在面對對象的時候會用到這個詞彙，就大致可以知道他是如何看待感情，以及他的感情生活大概長什麼樣子。

戀愛中級班對自己有一個基本的了解，至少他們清楚自己在別人眼中是什麼樣子、什麼類型，知道自己在男女市場中的優勢與弱勢。所以中級班至少都會有一套對大多數異性有用的成功模式，他們不會用苦澀的心態面對現實與他人，很臣服於現實，與其去怨懟，他們更會去思考該怎麼讓自己在現有的資源中，努力讓自己產生最大化的優勢。

　　而這就是戀愛中級班與初級班的最大差別，初級班會傾向去怪罪於社會的價值觀、怪罪異性的膚淺跟沒眼光、怪罪競爭對手的壞與婊、怪罪自己沒有資源，初級班之所以一直會停留在初級班，就是因為他們把大部分時間都拿去怨天尤人，享受當受害者，而不是把這些時間拿去做對自己有幫助的事。

　　但戀愛中級班仍然還未解決自己的自我價值的深層問題，所以遇到自己真的喜歡的對象時仍然會有反常表現。他們會發現在其他異性身上管用的招數對自己喜歡的對象居然沒有用，但其實就是因為平時的招數沒用，中級班才喜歡上那些對象的（因為他們透過這些對象經歷了出乎意

料、意外性等不確定性），那些在自己掌控之中的，不論條件好壞，他們反而不會那麼有興趣，這是所有人都有的人性。

那些平時在用的招數會沒有用的原因，是因為比他們等級高的人看得出來他們並不「真誠」。總是拿同一套成功模式對待每個人，這是敏感度較高的人可以感覺到的，也看得出來在這些招數之下，他們仍然害怕自己受傷的恐懼。因為中級班總是想盡辦法想要占上風，在關係中，他們更重視自己的目的是否有達成。

與初級班不同的是，中級班為了達成目標，會比較「不擇手段」的願意做一些對初級班來說好像非常吃虧或是很恐怖的事情，例如先表達好感、先對對方展露友善、放電、笑容、觸摸、調情等等，也不會害怕讓對象知道自己有興趣的事實。

對於初級班來說，「吃虧」的界定非常廣，幾乎什麼事情都可以讓他們吃虧或受傷，但中級班對吃虧的界定比較窄，所以恐懼較初級班少，當然也比較吃得開，所以他們能夠使比自己等級低的人自我感覺良好（例如會喜歡上

被視為「做作女」的男人，等級跟敏感度都相對低，又加上自我價值低落，因此很需要這種表象的滿足），又可以輕易讓他們覺得不確定（因為並不是真的喜歡他們，只是想達成被喜歡的虛榮心亦或是得到某種好處的目的），也因此中級班可以在他們沒那麼有興趣的異性之中叱吒風雲。

戀愛中級班會藉由技術來談戀愛，他們對某些可以讓自己永遠占上風、控制他人的理論堅信不移。因為很理性的以目標為導向，不在目標內的人事物都不重要，競爭者的感受和死活也與他們無關，自然就會覺得如果用某種手段會得罪非目標的他人也沒關係，所以他們也容易遭受同性的厭惡。

戀愛中級班如何看待魅力──

戀愛中級班認為魅力就是所謂的「實力」，換句話說，也可以說是戀愛層面的「狼性」吧，他們是現實主義的崇拜者，不會像戀愛初級班一樣停留在那麼表層的表象，但他們很容易會認為魅力就是永遠「不輸」，跟永遠

在掌控之中。

戀愛中級班如何看待機會──

戀愛中級班覺得機會就是自己創造出來的，所以會想盡方法幫自己安排製造機會。他們了解喜歡是有分程度的，但他們會將對象分成兩個種類的人，一種是會照自己預期走，另外一種是不會照自己預期走的人。

面對前者，他們覺得機會到處都有，就算沒有，自己製造就好，不用太擔憂；面對後者，他們就會開始陷入一種自己再怎麼創造都會遇到死胡同的困境中。

戀愛中級班如何看待情敵──

戀愛中級班會各方面的分析自己與情敵的優勢劣勢，他們在對待情敵的時候可說是龍爭虎鬥，一種類似想要殺進前幾強的鬥爭。有情敵時他們反而會更起勁的喜歡這個對象（但可能情敵消失時這種激情就會突然消退），因為現實主義的崇拜者們很喜歡「贏」的感覺。但即使輸了，他們也不太會去攻擊情敵，不會認為對方其實不夠格只是

運氣好，反而會拚命思考對方到底贏在哪裡。

　　戀愛中級班很清楚自己在幹嘛，也很清楚自己沒那麼喜歡的人在幹嘛，唯一不清楚的，是他們不懂那些不被自己招數影響的對象到底在幹嘛，他們會因為自己的目標導向而卡住思維，以為在感情中的輸贏、占上風、占下風是感情中的一切。

戀愛高級班──
活得更自由的戀愛關係

　　戀愛高級班幾乎能解決自我價值的問題，他們對自己有很深的了解，也能清楚其他人的狀態，但這不代表戀愛高級班就不需要面對恐懼，而是他們已經能夠與恐懼和平相處，也清楚關係的本質，就是要真誠面對自我跟對方。

　　他們不太會去強求感情，因為高級班其實已經不需要感情來填補自己內心的洞（因為他們已經能夠自給自足），也不太會去計較感情中的得失。不會計較的原因並不是因為他們比較偉大，而是他們對自己跟感情不會有錯誤的期待，了解自己的底線，不會讓自己的付出超過自己能承受的範圍，或是覺得自己可以「扭轉」、「改變」對方。如果對方沒有回應，也能了解這就是對方的選擇，並尊重對方沒有想將關係繼續往前的意志。

　　戀愛高級班懂得真正的尊重，所以他們也很少遇到什

麼戀愛的困擾，並不是他們在感情中永遠都占上風，永遠都順利，而是戀愛初、中級班所認知的「感情不順」，在高級班的世界中並不構成「問題」。

他們的世界裡有別人，不再需要處處保護自己，因為他們發現別人也跟自己一樣，是會恐懼、有情感、會生氣、有自己想法、有感受的人類。

戀愛初級班其實並沒有「別人跟自己一樣是普通人類」的認知，他們會將外界貼上很多標籤，認為別人跟自己不一樣，不會沒自信、是壞人（可以輕易傷害別人）、容易看不起別人等等，尤其當他們看到擁有自己羨慕的條件或特質的人時更是如此，容易將別人的一舉一動解讀成對自己不利的角度。但如果他們能了解「大家都跟自己一樣脆弱」，就不會用這樣的角度去看待他人，而是可以同理他人，不論看起來是正面還是負面的行為舉止。

也因此戀愛高級班很容易可以跟自己感興趣的人建立深層的關係。所謂的「有別人」，意指他們不會把自己內心的投射當作真實，他們把對方當成跟自己一樣的人類，一樣不完美的人類，也因此不會有所謂的「幻想」，例如

不會在還沒深入認識對方時，就認定對方就是自己要走一輩子的對象，或是幻想對方什麼都好。

當我們內心的缺乏投射到外界的時候，才會產生那種「不能沒有某人」或是所謂真命天女／子的那種症狀，才會對一個自己根本不太了解的人產生狂熱或是迷戀的感受。

但神奇的是，這樣的人才有能力維持長久關係，因為他們在處理關係的時候不會偏離關係的本質，不會透過盲目追求名分、控制對方的表面行為，來滿足自己一時的安全感。也就是說，在跟人相處時，他們不容易出現什麼特殊的目的或是目標，反而容易真正去認識對方真正的樣子。

相對的，他們不會有想要「征服」的慾望，因為大家都是平等有血有肉的人類，所以用「征服」或是「輸贏」這個概念去思考關係是一件蠻不合常理的事情。

戀愛高級班不見得會比戀愛中級班更受異性歡迎，就跟沒有競爭慾望的人跟有強烈好勝心的人比起來可能不會有那麼亮眼的成績一樣，這和驅動力強弱有關。但是他們

能夠比戀愛中級班活得更自由，並且也更知道要怎麼與他人建立令自己跟對方都滿足且加分的關係。他們也不會去做「比較」，因為根本無從比起，雖然大家都是人，但每個人的背景條件思維氣質都不同，每個人想要的、欣賞的東西也不同，根本沒有比較的立基點存在。

戀愛高級班如何看待魅力——

戀愛高級班認為每個人都有屬於自己的獨特魅力，但能不能學會使用，與當事人處理自我課題到什麼程度有關，他們看待魅力在於一個人面對了多少的自我，對自己有多誠實，有多勇敢的面對問題與不足。

戀愛高級班如何看待機會——

戀愛高級班比較隨緣，有機緣就抓住，沒機緣也不需要去刻意創造。但他們對「有沒有機會」的看法與理解，可能與初、中級班不太一樣，因為相對來說沒有目標導向，他們所看到的「機會」是與這個人建立真實關係、了解對方的機會，而沒有一定要往哪個方向或目的前進。

用這樣的角度看待機會，也就跳脫了一般人所認知的「有機會」與「沒機會」的概念，因為所朝向的終點並不相同。

即使沒有成功的與對方建立一段浪漫的關係，他們也不會當成是一種破壞自我價值的失敗，當然也不會因為無法建立浪漫的關係，就覺得不需要建立任何關係了。這樣的看法，以戀愛中級班的角度來說可能會很神奇，因為只要可以花時間相處、有操作空間，處處都是機會，要「沒機會」是很困難的一件事。

透過「修煉」而非天生麗質達成戀愛高級班境界的人，才會比戀愛中級班更受更多人歡迎。但如果修到了戀愛高級班，**輸贏變得失去意義時**，他就不會再在乎數量或條件，而是重視一段關係本身能夠帶給自己與對方的東西是什麼，在過程中學會的那些技術，有哪些可以用來讓自己愛的人感到更加幸福？

戀愛高級班如何看待情敵──

對戀愛高級班來說，「情敵」的概念並不存在，因為

他們了解關係的本質是獨立且不互相直接影響的，A 與 B 的關係只有 A 或 B 可以影響，C 無法做任何事來影響 A 與 B 的關係。如果表面看起來像是 C 影響了關係，那只代表了 A 跟 B 的關係本來就有往那個方向被影響的傾向，以化學的比喻來說，C 頂多是一個「催化劑」的角色。

如果 A 與 B 在一起，但 A 與 C 外遇了，並不是因為 C 影響了 A 與 B 的關係，是 A 與 B 的關係本來就有問題，C 才進得來。如果 A 與 B 的關係非常穩固，那 C 的出現只會讓 A 覺得 B 就是正確的選擇。意思是說，C 只是一個 A 與 B 關係好與壞的投射，而不是 A 與 C 的關係直接影響了 A 與 B 的關係。所以對戀愛高級班來說，情敵永遠都只有自己，因為只有自己能把自己的關係搞砸，自己永遠是自己最大的敵人。

戀愛的操作流程

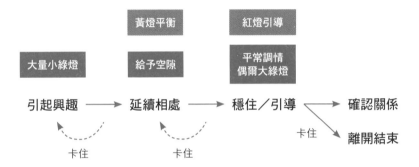

　　女生想要吸引男生的操作流程，大致可以分成三大階段：**引起興趣 → 延續相處 → 穩住引導**。

　　這個階段跟流程沒有一個特定的時間定義，也就是說，可能可以幾天內走完流程，也有可能半年才走完完整流程。這跟相處的深度有關，與時間長短比較沒有那麼大的關係。

　　類似的操作流程可能有些人有在亞瑟的第一本書《從左手到牽手》裡面看過，但我個人覺得男人跟女人的操作

流程不太相同，因為在兩性關係中的能量角色不同。男對女會比較像是試圖往前推進的感覺，而女對男則只是點燃火苗，然後搧風引導火苗燃燒的方向而已。

" 階段一：引起興趣

要如何開始第一個階段，引起對方的興趣？首先有個我在本書一直不斷提到的——要有「對象意識」的大前提。只要你有對象意識，就可以引起對方基本的興趣。你的對象意識可能會根據面對的對象不同，而有程度上的差異，這跟你在面對不同人時，如何定義自己跟對方的位置有關。

如果你是戀愛初級班，可能就很容易因為對方的外貌條件直接影響你跟對方的地位關係，遇到長得比較好看的，你就會開始沒自信，覺得對方一定不會對自己有感覺，然後開始防衛或是故作鎮定或故意裝沒興趣，這時候的對象意識就偏低。

如果你們一開始並不是一對一的認識跟碰面，對方是

同時認識很多不同女生的話，當中如果有一個明顯比你漂亮的女生在，那很有可能一開始對方的注意力會擺在比較漂亮或身材比較好的女生身上，這是非常正常的事情。也不用氣餒，因為男人是可以一次對好幾個女生產生興趣的，只要對自己有對象意識的女生，都可以是潛在的發展對象。尤其是有魅力的男生，更不會短時間內就純粹因為外表對女生暈船。

要記得，並不是一開始贏的人就會一直贏下去，談戀愛是打長期戰，不是一局定生死。每個人的優勢都在不同的地方，不要太執著於某一個路徑，那很容易就讓你迷失掉真正的終點。

我們很常錯把手段當成目的，覺得一定要一開始就吸引到對方才行，但感情這件事本來就是一點一滴累積。**在引起興趣這個階段，要給多一點安全感，也就是要讓對方覺得你對他是有興趣的。女生記得在「剛開始」的時候要表現得「容易」一點，要給對方「很大量的小綠燈訊號」，讓對方覺得自己是有很大機會的**，這樣對方才會有更多的動力去主動。

不會有男生打從一開始就覺得「這女生愛我愛到離不開我」，只有當男人有「我覺得她沒有我不行」的感覺時，才會開始變懶、變沒興趣。所以一開始表現得「容易」一點反而是會比較容易讓事情順利的，尤其平常給人的感覺是比較偏冷、偏高傲的人，更需要如此。

很多人會誤以為要讓別人對你有興趣是要有神秘感、讓人猜不透，但是那是吸引後期的事情了，要讓對方從沒興趣跨越到「產生興趣」的唯一有效方式，就是讓對方覺得你對他有興趣，他才會去注意你是否神秘。一個對你完全沒興趣的人，連猜都不想猜你，就算有神秘感也不會有什麼用處。

❝ 階段二：延續相處

讓對方覺得你對他有足夠的興趣，絕大多數的男人就會願意去主動做延續相處的動作了。

如果你發現對方對你有好感，但卻沒有動作的話，那有幾個可能：第一個是你給的「縫隙」跟「機會」不夠

多。第二個可能是你的行為舉止表現得「太平面」，例如
雖然有基本對象意識，但是太ㄍㄧㄥ、想要保持完美形
象、或是怕東怕西等，這些都會讓對方可能本來對你是有
興趣的，一開始有想要延續相處，但相處約會一兩次之後
就冷掉。

所謂的縫隙有幾種：

**一是創造讓對方可以為你提供價值的機會，讓男生產
生「她沒有我不行！」的錯覺**（但如果你真的開始覺得沒
有他不行的時候，他並不會產生「她沒有我不行！」的成
就感，只會覺得「她需求感好重好可怕」），例如讓對方
幫你忙，從簡單的幫你重物、提供外套、給予意見到幫助
你的工作等等。展現自己笨拙的一面，讓對方覺得自己可
以在這個部分伸出援手，讓你印象深刻。

**二是透露自己的訊息，如果對方對你已經有基本的興
趣，就可以「順勢」繼續延續相處。**例如告訴對方自己的
喜好，基本資料或是尋找彼此的共同興趣。比如說，如果
你們公司很近，你可以說：「哇你在那家公司喔！我剛好
也在附近上班耶！有空可以一起吃午餐。」女生邀約男生

的方式，最好就是提出「意願」就可以，然後讓男生主動來敲定具體的時間跟地點。

也許你發現對方很喜歡灌籃高手，你剛好也喜歡，就可以在你的社群媒體上面多發關於灌籃高手的東西，這就是故意去開個縫隙讓對方有機會可以鑽。或是可以分享一個你判斷他可能可以幫你解決的煩惱，例如你知道他喜歡狗，而你剛好有養狗最近要出國，相處時你就可以說：「我下個月出國，不知道狗狗可以託給誰照顧，家人都住很遠……之前送去給寵物旅館有不好的體驗，你覺得怎麼辦比較好？」他如果希望抓住跟你多聯繫相處的機會，通常就會自告奮勇的說「可以託給我顧！」這其實也可以說是在「撒餌」，**你可以大量的撒餌、展現縫隙，但不要期待每個餌對方都會來吃、每個縫隙都會來鑽。**

很多人會覺得「如果對方夠喜歡我，他會找理由來約我（就算這個理由很不合理很奇怪），如果他沒有，表示他不夠喜歡我」。但很奇怪的是，對方為什麼要在還不夠認識你的時候就要很喜歡你？就算對你有興趣，但你表現得不容易接近，他們沒有必要也沒有義務去千方百計接近

你。尤其是優質、有選擇權的男性，更不會去刻意做些什麼接近女生的舉動，這也是他們受歡迎的原因。有這樣想法的女性，通常都只有被怪人、讓人不舒服的傢伙追的份。

這個階段要盡量去展現自己在性格上的立體性，建立「真實的基本友誼」，這時候不用刻意給予綠燈訊號（減少或減弱「我對你有浪漫感覺」的訊號），只需要多多創造相處的機會。先放下想要將關係往前推進的目的，真正去認識對方這個人到底是怎麼樣的人，並且展現自己比較日常、放鬆、有趣的一面，主要目標是要讓彼此相處都很放鬆很開心。

所謂的「真實的友誼」，就是就算浪漫關係（獨占）無法發展，也可以繼續往來的羈絆。如果今天我們認為跟對方「沒機會」，就覺得不需要繼續認識或聯絡下去，那其實某種程度上代表了我們只是將對方當成「潛在男友」的角色，而沒有把對方真的當成一個個體在認識。就像我們跟朋友相處一樣，每一個朋友都是獨一無二的，因為他們具有自己的個體性，所以沒有誰可以取代誰。

階段三：穩住／引導

很多女生在吸引時的敗筆都是在「太早暈船」這件事情上面，使得彼此熱度有很大的落差。會產生這樣的落差，主要原因就在於女生以為男生對自己做的所有追求行為就等於喜歡自己的程度。她們容易以己度人，因為自己只有非常喜歡對方的時候才會這樣做（例如很常主動找對方、邀約甚至上床），所以對方這樣做，應該是有這樣的喜歡程度吧？

她們忽略了男女在兩性關係中社會化的差異，男性在交往前本來就被教育需要主動，而且鮮少會在交往前就對女生死心踏地，所以他們再多的動作也不一定代表對這段關係有多上心，女性還是得用自己的心去誠實感覺。

如果無法看清現在關係的狀況就暈船，也就是變成女生真的覺得「一定要對方才行」、「沒有對方不行」的狀況時，女生就會開始給自己跟對方壓力，關係就容易變得很沈悶無聊，對方就會開始縮、開始退後了。如果想要解決太早暈船的問題，首先就是要問自己一個很重要的問

題：「為什麼明明沒有很瞭解對方就喜歡上對方了？你喜歡的真的是對方本人嗎？還是自己想像出來的他？」

所以這個階段的「穩住」就是要讓自己的熱度跟對方差不多，不要少對方太多也不要多對方太多。引導的部分則是，**不要因為喜歡對方，就降低了自己對於感情跟對象的標準（或騙自己對方有達到標準）**，要引導對方成為符合你擇偶標準的人。

雖然指導原則是如此，如果在交往前，彼此都還沒有很深的交集時就非常動搖，我還是會建議你先審視自己的內心，而不是刻意調整自己的熱度跟對方差不多。當然這個階段去刻意調整是有其效果的，但你能撐到什麼時候？如果是確定交往之後就鬆懈，可能又因此會很快就分手，那麼這個「刻意」是有意義的嗎？

很多人會怨（尤其是戀愛初級班）：「為什麼感情不能簡單一點？難道要假裝一輩子才會得到幸福嗎？」這樣抱怨的人，都忘記一個很重要的事，就是回頭看看自己。到底自己說的「簡單」代表了什麼意思？是真的簡單？還是不用努力、坐享其成、擺爛、不用收拾自己弄出來的

爛攤子？自己說的「假裝」代表了什麼意思？是真的假裝？還是因為不想處理自己的軟弱，鴕鳥心態想出來的、治標不治本的辦法？因為要治本太辛苦了，所以假裝比較容易？還是是因為自己都沒問題，都是愛情本身的殘酷有罪？很多人不願意去改變自己，或做出任何努力，就想得到美好的果實。

　　到了這個階段，大致可以確定你們彼此是互相吸引的，所以可以不需要再給大量的小綠燈，平時只需要給黃燈（就是不前進也不後退的訊號），但偶爾要給大顆的綠燈（大顆綠燈指可以讓對方覺得自己很特別的綠燈），而且如果對方做了你不喜歡的事，馬上就給紅燈（依照對方做的事情多過分來決定紅燈的大小，紅燈並不是要你責怪、罵對方，而是拉開距離），這也可以顯示你是一個高價值的人，因為你在告訴他「即使你對我來說比其他人特別，那也不代表我有義務受你的氣」，當對方做了你不喜歡的事情時給予紅燈，就是引導對方來符合你的標準的作法。

　　前面兩個階段要讓對方有多一點安全感，安全感穩固

之後到了第三階段就要開始有多一點不確定感了。也就是說，當感情隨著時間慢慢越穩固的時候，如果對方還是在逃避或是不願意給你你所想要的東西，你就該多給一些紅燈，讓他產生不確定感。

很多人越到後面越不敢給紅燈，因為深怕給了紅燈對方就會跑掉，但殊不知越是害怕，對方越是覺得你沒有魅力或沒有長期發展的可能性，因為你正透過等待、忍耐不斷在向對方傳達「我沒價值」的訊息。因此也沒辦法使對方來符合自己的標準，只會因為害怕對方離開反而去配合對方，最終可能就變成炮友的關係。

而在這關係之中，只有你一直在騙自己，認為只要時間再長一點、再對他好一點，你們總有一天有機會交往，因為都「已經這樣了」。但事實上，就是因為「已經這樣了」，對方才不想要交往。對方可以明顯感覺出，你是一個沒有原則而且軟弱的人，那這樣的人怎麼會適合進入長期關係（但男人不會那麼清楚知道自己是因為這樣的原因而不喜歡，他們只會感覺到「這個女生對我來說越來越沒有吸引力」）？

如果你做到這個階段，代表你們關係已經很好了，但如果對方還是遲遲不願意提出交往，那有幾個可能：

1. **如果問題是出在你身上，代表你前面的階段沒有做扎實。**

2. **如果問題出在對方身上，那可能是對方自己有檻過不去，那也不是你能處理的問題。**

如果是第 1 點，你需要回頭看看自己到底哪個階段沒有做好，退回沒有做好的那個階段，重新再做一次。如果是第 2 點，你就需要開始考慮抽離，所謂抽離主要是指心的抽離而不是物理距離的抽離，你需要開始考慮與其他人的可能性，如果你就卡在他身上，「等他」的話，那只會讓他更沒動力把關係往前推進。技術上來說，如果你前面的階段真的有做好，你的抽離會引起他的恐慌，可能才會使他有動力去把關係往前帶。

但我想提醒各位的是，要你抽離目的並不是要操弄對方，而是這是一個為了自己做的決定，因為你若有價值，就不會浪費時間等待一個不願意給予你想要的關係的人。而如果你心裡是為了操弄對方而抽離，對方即使回來了，

也會因為你的鬆懈慢慢露出馬腳，而又想離開。

那要如何判斷是自己的問題還是對方的問題呢？通常如果是對方的問題的話，你可以強烈的感受到對方是被你吸引著的，他不由自主就是會來找你、對你獻殷勤、稱讚你、對你好、對你用心、對你付出，也從來不會不理你、搞消失、做一些欲擒故縱的招數等等。如果是自己的問題，你多多少少可以感受到對方對你的熱度是低於你對他的熱度的，會時不時搞消失、已讀不回、也不太會願意對你付出額外的時間跟精力，對你也不會非常殷勤。

❝ 階段四：確認關係

如果前面三個階段都有做好，那麼確認關係這一步，大多男性方面就會自己提出了。基本上男性還是會想要擔任推動關係前進的那方，所以如果你很確定對方很喜歡你，但對方感覺很縮，那就需要去推他一把，除非你們關係是很有趣好玩的，否則不要搶走男人「剪綵」的工作。言談中可以說：只有男朋友可以這樣喔，所以你還欠我一

個告白／你到底什麼時候才要問我要不要當你的女朋友／我朋友問我我們是什麼關係，你覺得我們是什麼關係？

女生要注意的是，如果你已經讓對方感覺到你有想要往前的意願，但感覺對方就是刻意在拖，而你是因為「缺乏安全感」才去逼對方確認關係，99％只會讓對方想要往後退而已。

基本上我覺得女生不太需要刻意去做推進關係的動作，因為女生很少在這樣的過程會得到什麼樂趣，反而如果太注意流程，覺得都是自己在推動，會有很多挫折感。

所以不需要太把心力放在走流程上面，更需要去注意自己當下的狀態是否良好，狀態良好就不需要去講究流程。我們要做的事情是「引誘」男人，也就是前面講的「點火」而已，透過點燃他們，把關係往我們想要的方向推進。

談戀愛不簡單，
也沒辦法速成

寫完這本書簡直讓我筋疲力盡，腦汁都要被榨乾了。

　　市面上的戀愛技巧書籍，大部分的方針都是主打「讓戀愛可以變得很簡單」的噱頭。「戀愛不難」這件事，從不同角度來看，會有不同的解讀。對於感情已經天生有一定敏感度的人（這邊的「天生」並不是指基因，而是指原生家庭環境），要談戀愛的確是一件很直覺、「不難」的事。

　　但對於一直不太理解戀愛是怎麼回事的人來說，要升等需要注意的細節、學習的事情實在是太多太多了。其中很多對天生好手來說理所當然的事，對於沒什麼戀愛經驗的人來說卻很難理解或實際做到，或是對於接受新的觀念是有許多障礙的。

　　同樣一個動作，對於擁有不同觀念的人做起來，是完全不同的效果。技巧能成功跟效用如何有很多的「前提」存在，但因為要去提「前提」很麻煩，現代人又喜歡追求「速成」，「不簡單、無法速成」也不太吸引人。但人生的很多事真的是沒辦法「簡單」也沒辦法「速成」的。

　　因為我本身也是個過來人，從對戀愛幾乎一無所知，

到現在我能以教別人這件事情做為職業，一路走來我也看了無數本關於戀愛的書籍，這些「簡單」的招式，也許能使我們在感情中突破現況，稍微前進一點點，但它們卻無法讓我可以全面的去理解「戀愛」到底是怎麼回事。

而我想試著寫一本突破這樣限制的書，它也許不平易近人也不好讀（讓我寫得很累的書，肯定也會讓讀者讀得很累吧 XD），但我期望能夠做到讓讀者盡可能更深入、根本的理解感情這件事到底是怎麼運作的。如果能懂得運作的原理，才不會永遠只能照本宣科，遇到與教科書不同的狀況就不知道怎麼處理了。

除了了解原理，如果可以讓讀者稍微體悟到，感情的問題不只牽扯到感情，而是人生課題的某種呈現的形式，那就太好了。

優生活 77

戀愛力
解構關係的攻心攻略，
從缺人愛你到自由擇愛的 Level UP ！

作　　　者——AWE 情感工作室　文飛（Dana）
主　　　編——楊淑媚
責任編輯——朱晏瑭
封面設計——張巖
內文設計——葉若蒂
校　　　對——文飛、朱晏瑭、楊淑媚
行銷企劃——許文薰

第五編輯部總監——梁芳春
董　事　長——趙政岷
出　版　者——時報文化出版企業股份有限公司
　　　　　　　一〇八〇一九臺北市和平西路三段二四〇號七樓
發行專線——（〇二）二三〇六六八四二
讀者服務專線——〇八〇〇二三一七〇五、（〇二）二三〇四七一〇三
讀者服務傳真——（〇二）二三〇四六八五八
郵　　　撥——一九三四四七二四 時報文化出版公司
信　　　箱——一〇八九九臺北華江橋郵局第九九信箱
時報悅讀網—— www.readingtimes.com.tw
電子郵件信箱—— yoho@readingtimes.com.tw
法律顧問——理律法律事務所　陳長文律師、李念祖律師

印　　　刷　勁達印刷有限公司
初版一刷　二〇一九年七月十九日
初版五刷　二〇二二年二月十四日
定　　　價　新臺幣三二〇元
（缺頁或破損的書，請寄回更換）

戀愛力 / 文飛作 .-- 初版 .-- 臺北市：時報文化, 2019.07
　面；　公分
ISBN 978-957-13-7860-2(平裝)

1. 戀愛心理學 2. 兩性關係

544.37014　　　　　　　　　　　108010196